CB068726

Comunicação
e expressão

SÉRIE POR DENTRO DO TEXTO

Cleide Bacil de León
Daniela Duarte Ilhesca
Débora Mutter da Silva
Dóris Cristina Gedrat
Luana Soares de Souza
Mara Elisa Matos Pereira
Maria Alice Braga
Mozara Rossetto da Silva
Vanessa Loureiro Correa

Comunicação e expressão

EDITORA
intersaberes

EDITORA intersaberes

Rua Clara Vendramin, 58 . Mossunguê
CEP 81200-170 . Curitiba . PR . Brasil
Fone: (41) 2106-4170
www.intersaberes.com
editora@editoraintersaberes.com.br

Conselho editorial
Dr. Ivo José Both (presidente)
Dr.ª Elena Godoy
Dr. Nelson Luís Dias
Dr. Neri dos Santos
Dr. Ulf Gregor Baranow

Editora-chefe
Lindsay Azambuja

Supervisora editorial
Ariadne Nunes Wenger

Analista editorial
Ariel Martins

Projeto gráfico
Raphael Bernadelli

Capa
Clarissa Martinez Menini

Fotografia da capa
Steffen Hammer/Panthermedia

1ª edição, 2013.

Foi feito o depósito legal.

Informamos que é de inteira responsabilidade das autoras a emissão de conceitos.

Nenhuma parte desta publicação poderá ser reproduzida por qualquer meio ou forma sem a prévia autorização da Editora InterSaberes.

A violação dos direitos autorais é crime estabelecido na Lei nº 9.610/1998 e punido pelo art. 184 do Código Penal.

Dados Internacionais de Catalogação na Publicação (CIP)
(Câmara Brasileira do Livro, SP, Brasil)

Comunicação e expressão. – Curitiba: InterSaberes, 2013. – (Série Por Dentro do Texto).

Vários autores.
Bibliografia.
ISBN 978-85-8212-579-3

1. Comunicação e expressão 2. Escrita 3. Português – Gramática 4. Português – Uso 5. Textos – Produção I. Título. II. Série.

12-10010   CDD-469.8

Índices para catálogo sistemático:
1. Comunicação e expressão: Português: Uso: Linguística aplicada 469.8

Sumário

Apresentação, VIII

(1) Variações linguísticas e sua importância para o falante nativo, 11

    1.1   Estudos da linguagem: uma breve retomada histórica, 13

    1.2   Variação linguística, 17

(2) Níveis e funções da linguagem, 25

    2.1   Níveis da linguagem, 27

    2.2   Funções da linguagem, 30

(3) Coesão do texto escrito, 35
    3.1 O texto coeso, 37

(4) Coerência textual, 57

(5) Parágrafo-padrão, 69
    5.1 A estrutura do parágrafo: suas partes, 73
    5.2 Produção textual: planejando e elaborando um parágrafo, 84

(6) A paráfrase, 93

(7) Do texto falado ao texto escrito, 111
    7.1 Organização do texto conversacional, 114
    7.2 Relações entre fala e escrita, 116
    7.3 Retextualização: transformação do texto falado em texto escrito, 118

(8) Resumo e resenha, 129
    8.1 Resumo, 133
    8.2 Resenha, 142

(9) Concordâncias verbal e nominal, 153
    9.1 Concordância verbal, 155
    9.2 Concordância nominal, 161

(10) A vírgula, a crase e os porquês, 173
    10.1 A vírgula, 175
    10.2 A crase, 182
    10.3 Os porquês, 187

Referências, 193

Gabarito, 197

Apresentação

Seja bem-vindo à leitura de *Comunicação e expressão*! Desejamos que nesta obra você aprenda mais sobre a sua língua materna e passe a gostar ainda mais dela.

Este livro contém dez capítulos que apresentam o conteúdo necessário para que você compreenda as noções principais de texto escrito e de texto falado e as principais diferenças entre eles.

O primeiro capítulo é dedicado ao estudo das diversas possibilidades para o uso da língua portuguesa, as quais variam de acordo com as diferentes situações em que ela é utilizada. Já o segundo capítulo destaca a necessidade de observarmos em qual contexto comunicativo estamos inseridos, a fim de utilizarmos o nível de linguagem adequado. Além disso, estudamos as principais funções exercidas pela língua em nossa vida diária.

Enfocamos a coesão textual, destacando o papel dos anafóricos e dos articuladores como elementos que caracterizam esse fator de textualidade, no terceiro capítulo. O objetivo é compreender o conceito de coesão textual e reconhecer e analisar o funcionamento dos anafóricos e dos articuladores na construção do sentido em um texto. No quarto capítulo, tratamos da coerência textual, destacando os fatores principais que levam um texto a ser coerente.

No quinto capítulo, abordamos questões imprescindíveis para a escrita do parágrafo padrão, com o objetivo de levar o leitor a reconhecer e a diferenciar os componentes de sua estrutura, além de planejá-lo e redigi-lo adequadamente. Já no sexto capítulo, conceituamos e aplicamos a paráfrase, que é o processo de transformação de um texto em outro, sendo este semanticamente equivalente ao texto-fonte. Além disso, captamos, mediante exemplos ilustrativos, as nuanças de significado produzidas pela escolha da paráfrase empregada em cada caso.

Procuramos esclarecer, no sétimo capítulo, que a retextualização é o processo que caracteriza a transformação do texto oral em texto escrito, exigindo o estabelecimento de relações entre ambos e apontando suas diferenças e semelhanças, gradações e mesclas. Em suma, é a transformação da oralidade em escrita. É possível perceber que fala e escrita inter-relacionam-se, sobrepõem-se, misturam-se e, por vezes, distanciam-se, sendo as duas modalidades, no entanto, essenciais para suprir as necessidades de comunicação humana nas situações sociais específicas em que são utilizadas.

Nossa meta é, no oitavo capítulo, entender a importância do resumo para inúmeras circunstâncias profissionais. Para tanto, estabelecemos a diferença entre resumo e resenha, oferecendo subsídios para a compreensão da função, da finalidade e das técnicas de produção de cada um desses gêneros.

Os capítulos finais são dedicados a tópicos essencialmente gramaticais. O nono capítulo nos leva a estudar a concordância verbal, quando o verbo se flexiona com o seu sujeito, e a concordância nominal, quando o artigo, o adjetivo, o pronome ou o numeral se flexionam para concordar com o substantivo a que se referem. Aprendemos que é fundamental concordar verbos e nomes na oração para que o discurso seja claro.

Finalmente, no último capítulo, temos contato com as principais orientações quanto ao uso da vírgula, da crase e dos porquês. Dessa forma, estamos rumando para o incremento de nossa escrita.

O objetivo central deste livro é estudar as principais questões referentes à comunicação eficaz por meio da escrita em língua portuguesa. Até o oitavo capítulo, há contato com as noções centrais sobre texto e textualidade e, a partir do nono, exploramos tópicos importantes referentes ao suporte gramatical necessário na tarefa da escrita.

Será um prazer acompanhá-lo durante esta jornada!

As autoras.

(1)

Variações linguísticas e sua
importância para o falante nativo

Vanessa Loureiro Correa é mestre em Linguística Aplicada pela Pontifícia Universidade Católica do Rio Grande do Sul (PUCRS).

Olá, meu nome é Parole. Vamos conhecer um pouco da nossa língua? Já repararam como o Brasil é grande? Caso não tenham pensado nisso, olhem o mapa a seguir.

(1.1)
Estudos da linguagem: uma breve retomada histórica

Figura 1 – Mapa do Brasil

Nesse imenso território, usamos a mesma língua para nos comunicarmos, ou seja, usamos a língua portuguesa. Ainda que muitos estados tenham fronteiras com diferentes países, ainda que cada um tenha sido colonizado por povos diferentes, ainda que tenhamos climas, aspectos geográficos e culturas diferentes, falamos todos a mesma língua portuguesa. Mas será que essa língua é, de fato, a mesma?

Ao longo da história, vários teóricos tentaram estudar a linguagem humana. A grande maioria, até o século XVII, selecionava uma língua e a analisava em todos os seus aspectos: fônico (sons), semântico (sentidos), sintático (gramaticais) e morfológico (estrutura das palavras). Eles sabiam muito do funcionamento daquela língua, mas ignoravam como funcionavam as outras línguas.

No século XVII, houve o desejo de se "fazer" uma língua que todos falassem em todos os lugares do mundo, para que ocorresse a comunicação sem que fosse preciso estudar a língua própria de cada país. A busca por essa "língua universal" fez com que os estudiosos examinassem várias línguas ao mesmo tempo, comparando-as em todos os aspectos. Com esse estudo, foi observada a existência de PRINCÍPIOS que eram COMUNS a todas as línguas do mundo. A verdade é que não se conseguiu uma língua universal, mas a descoberta de tais princípios foi de suma importância para o avanço nos estudos da linguagem humana. Os princípios linguísticos são os seguintes:

- PRINCÍPIO DA VARIAÇÃO LINGUÍSTICA: remete ao fato de que todas as línguas variam no tempo e no espaço. Será estudado mais profundamente em uma outra unidade.
- PRINCÍPIO DA DUPLA ARTICULAÇÃO: estabelece que todas as línguas têm duas articulações. A primeira se refere

às palavras, razão pela qual é uma lista aberta, ou seja, sempre se pode acrescentar novas palavras. A segunda se refere aos sons da língua e caracteriza uma lista fechada, porque não se pode criar novos sons para a língua.
Exemplos: *mesa, cadeira, menino, menina* (primeira articulação); /m/, /t/, /d/ (segunda articulação).

- PRINCÍPIO DA SINGULARIDADE: todas as línguas articulam as suas estruturas de forma própria, singular.
Exemplos:
Meninas bonitas estudam na Ulbra. (Em português, o adjetivo é colocado depois do substantivo)
Beautiful girls study at Ulbra. (Em inglês, o adjetivo é colocado antes do substantivo)

- PRINCÍPIO DA UNIVERSALIDADE: embora todas as línguas articulem suas estruturas de forma singular, elas têm traços comuns. Assim, por exemplo, todas as línguas têm substantivo, todas possuem o som /a/ etc.

- PRINCÍPIO DA SISTEMATICIDADE: todo falante, ao adquirir uma língua, aprende toda a estrutura dessa língua.

- PRINCÍPIO DO PROCESSO ANALÓGICO: o falante tende a tornar regulares as irregularidades da língua.
Exemplo:
Eu fazi um trabalho (por analogia a *Eu corri lá fora*). Trata-se de uma frase dita por crianças. É comum que elas entendam que o verbo fazer é conjugado da mesma forma que, por exemplo, *comer, bater* e *ler*.

- PRINCÍPIO DA CRIATIVIDADE LINGUÍSTICA: somente o homem é capaz de criar novas estruturas para descrever situações atípicas.

Voltando à questão da existência de uma língua universal, o homem sempre desejou que houvesse uma que fosse comum a todos os povos. Com base nesse desejo, foi criado o *Esperanto*, que deveria servir para substituir o inglês. No entanto, esse objetivo não foi atingido. Ainda que a gramática do Esperanto seja acessível, essa língua não permite o uso de ironias e ambiguidades, o que dificulta o seu emprego.

Mais tarde, no século XIX, os teóricos se interessaram em buscar a língua-mãe, ou seja, aquela que teria dado origem a um grupo de línguas. Por exemplo: *Aqua* › água. Nessa nova abordagem, eles descobriram que a língua sofre mudanças de maneira ordenada e que essas transformações não ocorrem porque alguém decreta, mas pelo amplo uso de uma estrutura por um determinado grupo social. É importante ressaltarmos que a língua não muda pela vontade do homem, mas, sim, pelo uso que este faz dela.

Em 1916, com a publicação do livro *Cours de Linguistique Générale*, de Ferdinand de Saussure, fundou-se a linguística – ciência que estuda a linguagem verbal (palavra escrita ou falada) humana. Não cabe aos linguistas dizer o que é certo ou errado na língua, apenas analisar os vários usos e estruturas que ela apresenta em grupos sociais, a fim de descrevê-la. Para a linguística, dizer "Nóis fumo, vortemo e nada incontremo" não é errado se o emissor comunica a sua mensagem. O linguista vai analisar essa frase dentro do contexto comunicativo em que ela foi dita e ver o porquê dessa estrutura gramatical, sem se preocupar em dizer que ela está errada, pois não está de acordo com a língua padrão.

Para melhor entendermos essa afirmação, vamos tratar agora da variação linguística.

(1.2)

Variação linguística

Como foi dito anteriormente, não podemos esperar que se fale a mesma língua portuguesa em todas as regiões do Brasil. A língua varia de acordo com a necessidade do falante, ou seja, toda vez que precisarmos de uma estrutura nova ou adaptada, nós mudaremos a nossa língua. É importante lembrar que todas as línguas, segundo o princípio da variação linguística, mudam no tempo e no espaço. Vejamos um exemplo:

Veio ainda infante Claudio Manuel da Costa para a cidade do Rio de Janeiro a fim de receber a sua educação litteraria. Tinham os jesuítas as melhores escholas; pertenciam á Companhia os mais affamados mestres: freqüentou elle as escholas dos Jesuítas; aprendeu latim, rhetorica, philosophia, rudimentos de mathematicas...

FONTE: SILVA, 1855, P. 12.

Por incrível que possa parecer, o trecho acima foi escrito em português, o mesmo que falamos agora, mas de forma diferente, porque pertence a outra época, provando que a língua muda de um período para outro. Um outro exemplo é a forma de falar no Rio Grande do Sul, como podemos ver em:

Os gaúchos fazem rancho (compras de comida) e passam pela lombada. Esperam o ônibus na faixa (na rua) e comem negrinhos (brigadeiros).

Existem alguns motivos que levam a língua a variar, como os que iremos examinar nos próximos tópicos.

Região

Cada região tem características específicas em termos geográficos, climáticos e culturais. Por isso, existem termos próprios usados somente numa localidade e não em outra. No Norte, por exemplo, temos a disputa entre o boi Garantido e o boi Caprichoso. Para isso, existe toda uma linguagem que se refere a essa disputa. No Sul, temos o tradicionalismo gaúcho, rico em expressões e ditados que são desconhecidos até mesmo dentro do próprio Rio Grande do Sul, se o falante não fizer parte desse movimento, como é o caso do ditado: "Mais perdido que cusco em tiroteio".

Festival de Parintins

Os bois e os sons das toadas na floresta no Festival de Parintins. O som das toadas e o repique dos tambores. No centro, figuras típicas como Pai Francisco, Mãe Catirina, Tuchauas, Cunhã-Poranga, Pajé e diversas tribos indígenas cantam e dançam no ritmo alucinante e contagiante das toadas de boi. Esta é uma das cenas que podem ser vistas durante o Festival de Parintins, considerado uma das maiores manifestações culturais do Brasil.

O espetáculo se transforma numa verdadeira batalha folclórica, onde os guerreiros são os simpatizantes dos Bumbás Garantido (Vermelho e Branco) e Caprichoso (Azul e Branco). Na avenida, durante quase seis horas, a cada noite, sempre no final do mês de junho, eles encenam um verdadeiro ritual festivo, que encanta. São belas mulheres e homens, luxo, fantasias e muita coreografia. A grande festa começa com uma recepção chamada "Festa dos Visitantes", que acontece no Clube Ilha Verde e nos currais dos bumbas Garantido e Caprichoso.

Fonte: Festival de Parintins, 2007.

Faixa etária

Nossa linguagem muda conforme a idade, tendo em vista o interesse que temos em cada faixa etária. A linguagem de uma criança é diferente da linguagem de um adolescente, e esta é diferente da linguagem de um adulto, conforme podemos ver a seguir.

Exemplos:

Eu e os meus irmãozinhos fomos a uma festinha na casa de amiguinhos.
   Eu e os brothers fomos a uma balada na baia da galera.
Eu e amigos fomos a uma reunião na casa de amigos.

Sexo

Homens e mulheres não falam da mesma maneira. Assim, pessoas do sexo feminino preferem frases mais longas e elaboradas, a exemplo do que encontramos nas revistas direcionadas a esse público. Já os homens são mais objetivos, por isso suas frases são mais curtas e truncadas. Também o vocabulário difere, uma vez que os assuntos preferidos por homens e mulheres têm focos distintos. Em revistas femininas, encontramos questões que se referem à vida amorosa, a relacionamentos. Já as masculinas tratam de futebol, carros e viagens. Há muito mais figuras nestas últimas do que nas primeiras. Vamos ao exemplo:

A linguagem do diretor de redação, Felipe Zobaran, é direta o [sic] objetiva, procurando se aproximar o máximo possível do seu sujeito interpretante:
Estou sentado na cadeira de diretor de redação da VIP e a vista daqui não é nada má, garanto a você. Estou muito bem cercado. Se giro a cadeira, vejo Sabrina, a musa instantânea, no seu

primeiro ensaio caliente para uma revista. Delícia. Giro de novo e é só prazer, acredite.

Este é o mundo de VIP. E meu trabalho é tratar muito bem dele. Como se fosse você, meu caro, sentado nessa cadeira.

FONTE: SIMÕES JUNIOR, 2011.

Estudo

Quanto mais educação intelectual tiver o falante nativo, mais rica será a sua linguagem. Isso se dá pelo acesso à leitura, a novos conhecimentos. Infelizmente, no Brasil, a educação, com tudo o que diz respeito a ela, é cara. Logo, são poucos os que podem ter uma linguagem mais diversificada em todos os aspectos. É por meio do conhecimento que podemos conhecer e dominar os diferentes níveis de linguagem para, da melhor forma, adequá-los aos contextos comunicativos.

Exemplos:

Fomos ao médico para consultá-lo sobre dores de cabeça.
Fumo ao médico para consultar ele sobre dor de cabeça.

Tribos ou grupos sociais

Cada vez mais, em busca de uma identidade e de uma individualização num mundo tão globalizado, tribos ou grupos sociais se formam em todos os cantos do planeta. Além de roupas, comportamentos e ideologias diferentes, esses grupos se caracterizam por uma linguagem própria. A pessoa que não domina os aspectos linguísticos de uma tribo não pode dela participar. Vejamos alguns exemplos:

Surfistas: Dropei a onda, peguei um tubo e levei uma vaca!
Funkeiros: Fui a um baile que era uma maresia. Conheci um alemão que tinha o maior conchavo. Dava corte em todas as princesas. Um verdadeiro playboy.

Como podemos notar, esses e outros fatores fazem com que a nossa língua mude sempre que for necessário. É importante termos essa consciência para que possamos evitar atitudes preconceituosas e excludentes. Não podemos exigir que todos falem a mesma língua, pois ela veste diferentes roupagens, com o objetivo de atender às nossas necessidades diárias. O importante, nesse caso, é comunicar, ou seja, passar a mensagem para alguém, adequando o nível de linguagem ao contexto comunicativo.

Indicação cultural

BRANDÃO, S. F. *A geografia linguística do Brasil*. São Paulo: Ática, 1991.

Atividades

1. Marque (V) para as alternativas verdadeiras e (F) para as falsas. Transforme as alternativas falsas em verdadeiras: Veja o exemplo:
(F) A língua não muda no tempo e no espaço.
A língua muda no tempo e no espaço.

a. (   ) Vários são os fatores que fazem a língua variar, entre os quais podemos citar a região, a etnia, o sexo, a idade e os níveis social, econômico e intelectual.

b. (   ) A língua varia de acordo com a vontade do homem.

c. (   ) No século XVII, o homem buscava a língua universal.

d. (   ) No século XIX, o homem buscava a língua-mãe.

e. (   ) As mudanças linguísticas são desordenadas.

f. (   ) Os princípios linguísticos mostram que o funcionamento das línguas, ainda que respeitadas as diferenças, passa pelos mesmos processos.

g. (   ) O princípio da criatividade linguística estabelece que há uma tendência de tornar regulares as formas irregulares da língua.

h. (   ) O princípio da singularidade determina que, embora existam várias semelhanças entre as línguas, cada uma tem o seu próprio modo de estruturação.

i. ( ) O falante nativo que domina o nível culto deve ensiná-lo para aqueles que não o dominam, segundo a linguística.

---

j. ( ) Para a linguística, não existe o nível certo ou errado, mas, sim, aquele que é adequado para cada contexto linguístico.

---

2. Relacione os fatores determinantes da variação linguística com as afirmações a seguir:
   a. Sexo
   b. Idade
   c. Estudo
   d. Tribos ou grupos sociais

   ( ) Somente a língua pode, de fato, selecionar e caracterizar ideais partilhados por pessoas que fazem parte do mesmo contexto social.
   ( ) A linguagem irá adequar-se aos interesses de determinados momentos do crescimento humano.
   ( ) O acesso à escola e à cultura faz com que níveis linguísticos distintos ocorram entre pessoas de um mesmo grupo social.
   ( ) A linguagem irá adaptar-se às necessidades de grupos masculinos e femininos.

(2)

Níveis e funções da linguagem

Será que todos nós falamos a mesma língua?
Será que sempre falamos com os mesmos objetivos?

(2.1)

Níveis da linguagem

É claro que não, Parole! Quando falamos, cada um de nós emprega um certo nível de linguagem. Você sabe o que é nível de linguagem? Vamos examinar esse assunto agora.

Sempre que falamos, devemos observar em qual contexto comunicativo estamos inseridos, com o objetivo de utilizarmos o nível de linguagem adequado. Ainda que a linguística diga que não existem o certo e o errado na língua, devemos ter consciência de que existem o ADEQUADO e o INADEQUADO para determinadas situações. A língua é como a roupa: assim como não vamos dar uma palestra usando trajes de banho ou não usamos traje de gala para irmos à praia, não podemos usar um nível regional, por exemplo, em textos escritos.

Desse modo, atualmente, aquele que melhor conhece e domina os seis níveis de linguagem existentes em nossa língua tem melhores oportunidades do que aqueles que sabem apenas um. Comentamos e exemplificamos a seguir cada um desses seis níveis de linguagem.

Língua culta ou padrão

No nível culto, dizemos: "Dá-me um copo d'água", porque esse nível está de acordo com as normas da gramática tradicional. É ideal para textos escritos.

Língua coloquial

Neste nível, podemos dizer "Me dá um copo d'água", porque aqui é permitido cometer pequenos desvios em relação à gramática padrão. É ideal para situações comunicativas orais.

Língua vulgar ou inculta

Este nível contém várias inadequações se formos levar em conta a gramática normativa da língua portuguesa. No entanto, é comum em contextos comunicativos orais. Ex.: Nóis não vimu ninguém.

Língua regional

O nível regional diz respeito à linguagem usada especificamente em cada região. Ex.: Olha o tranco da morena que passa ali no rancho!

Língua grupal

É o nível de linguagem que pertence a grupos fechados. Divide-se em *técnica* e *grupal*.

- LÍNGUA TÉCNICA: pertence a áreas de estudo. Só é compreendida por aqueles que estudaram os termos de uma determinada área.
Exemplo: *O juiz deu um habeas corpus ao réu.*
- LÍNGUA GRUPAL (GÍRIA): é própria das "tribos" existentes na sociedade, como a dos surfistas, a dos esqueitistas, a dos *funkeiros*, e assim por diante.

(2.2)

Funções da linguagem

Quando falamos, sempre temos um objetivo. Ninguém fala se não tem necessidade; logo, o nosso discurso é acompanhado de uma função. Vejamos as funções da linguagem mais relevantes no âmbito da área acadêmica. Cabe ressaltar que, além destas, existem as funções fática, poética e emotiva, que no contexto acadêmico não são muito utilizadas.

Função referencial (ou denotativa, ou cognitiva)

Aponta para o sentido real dos seres e das coisas.

Astrologia: A importância da Lua na vida das pessoas

No nosso sistema solar, a Lua é o corpo celeste que se movimenta com mais rapidez. A cada 28 dias ela perfaz uma volta completa em torno da Terra e percorre 360° do zodíaco. A cada 07 dias ela muda de fase. A cada 02 dias e meio atravessa um signo inteiro e em pouca horas visita outros planetas, fazendo e desfazendo aspectos e ângulos com eles.

Fonte: Bemzem, 2007.

No texto anterior, o termo *Lua* está empregado no sentido denotativo, ou seja, refere-se ao satélite da Terra.

Função conativa (ou apelativa, ou imperativa)

Centra-se no sujeito receptor e é eminentemente persuasória.

Quem tem Dell não troca.
  Seu presente com total comodidade!
Compre um Dell!

Na propaganda anterior, vimos que o objetivo é fazer com que o receptor compre um computador da marca Dell.

Função metalinguística

É a língua falando da própria língua. Serve para verificar se emissor e receptor estão usando o mesmo repertório linguístico.

Definição do Amor
Amor é fogo que arde sem se ver;
é ferida que dói e não se sente;
é um contentamento descontente;
é dor que desatina sem doer;...

FONTE: CAMÕES, 1595.

Nesse soneto, o autor define o que é saber amar usando outras palavras da língua para explicar um sentimento, uma atitude.

Todas essas funções mostram o quanto a nossa língua é rica e versátil para transmitir o que queremos.

Atividades

1. Diga qual é o nível de linguagem predominante nos textos a seguir:
   a. "O pancadão deste findi vai ser ótimo. Ninguém vai querer tocar flauta com os bonde porque vão abalar o sistema."

   b. "A economia brasileira está sob análise de especialistas no assunto."

   c. "O Seu Fulano estava atolemado, levou um cachaçado e se lenhou."

   d. "O pensamento científico é levado para 'construções' mais metafóricas que reais, para 'espaços de configuração', dos quais o espaço sensível não passa, no fundo, de um pobre exemplo. [...] A ciência da realidade já não se contenta com o COMO fenomenológico; ela procura o PORQUÊ matemático." (Bachelard, 2003, grifo do original).

   e. "Num trupica na tálbua pra num machucá us jueio."

   f. Maria disse para mim: "O assunto é entre eu e tu."

2. Diga qual é a função de linguagem predominante nos textos a seguir:

   a. "Construa o seu próprio negócio. Consulte a nossa empresa!"

   ___

   b. "O jogo e a brincadeira são fontes de felicidade e prazer e têm um caráter de liberdade, portanto são atividades vitais para a criança." (Bedim, 2007).

   ___

   c. Linguística é a ciência que estuda a linguagem verbal humana.

   ___

3. Preencha as lacunas adequadamente:
   a. O nível _____ é próprio da linguagem de cada uma das regiões.
   b. O nível _____ é próprio da linguagem que tem pequenas inadequações gramaticais.
   c. O nível _____ é próprio da linguagem e está totalmente em desacordo com a gramática tradicional.
   d. O nível _____ é próprio da linguagem das áreas de estudo.
   e. O nível _____ é próprio da linguagem dos grupos sociais.
   f. O nível _____ é próprio da linguagem que está plenamente de acordo com a gramática normativa.

(3)

Coesão do texto escrito

Daniela Duarte Ilhesca é mestre em Educação pela Universidade Luterana do Brasil (Ulbra).

Mozara Rossetto da Silva é especialista em Literatura Brasileira pela Universidade Federal do Rio Grande do Sul (UFRGS).

Daniela Duarte Ilhesca
Mozara Rossetto da Silva

(3.1)
O texto coeso

Todo TEXTO ESCRITO pressupõe uma organização diferente da que caracteriza o texto falado. Já sabemos que a forma e a estrutura do texto escrito são essenciais para a clareza da comunicação da mensagem, entretanto, outros elementos também contribuem para que esse discurso seja bem-sucedido. É sobre isto que trabalharemos neste capítulo: o que são a COESÃO e a COERÊNCIA TEXTUAIS.

A palavra *coesão* nos dicionários possui vários significados, entre os quais "LIGAÇÃO E ASSOCIAÇÃO ÍNTIMA ENTRE AS PARTES DE UM TODO". Ora, se o todo é o texto, associar as suas partes é ligar as palavras e as ideias que o compõem sem repeti-las.

Vamos nos certificar disso?
Consulte um dicionário e escreva aqui a definição encontrada!

COESÃO:

_____

_____

Observe os elos a seguir:

◯   ◯   ◯   ◯   ◯

Eles correspondem às seguintes palavras:

Casa – rosa – bonita – casa – branca

Todos os elos podem formar uma corrente, porém precisam estar ligados entre si por meio de outros elos. Isso formará uma corrente coesa e, no caso das palavras, também dará coesão ao texto. Veja o resultado:

◯◯◯◯◯

A casa rosa é mais bonita que a branca.

Veja o Exemplo 1 depois de ler o texto a seguir.

O marceneiro Osvaldo notou que o filho estava caminhando com os pés tortos. O marceneiro resolveu investigar. O marceneiro concluiu que o filho estava com os pés apertados. Era hora de substituir aquele velho tênis. Levou o filho à lojinha do Manoel. A lojinha ficava perto da casa do marceneiro. Chegando à lojinha, o marceneiro escolheu um tênis novo para o filho e separou o velho para jogar fora. O filho experimentou o tênis e começou a chorar. O marceneiro não entendeu o porquê daquele choro, pensou que alguma coisa estava machucando o filho e tirou imediatamente o tênis novo dos pés do filho. O filho continuou a chorar e disse que amava demais o tênis velho para trocar por outro tênis. O marceneiro calçou o tênis velho no filho e ele e o filho voltaram para casa da mesma maneira como estavam quando saído.

O que notamos nesse texto é a falta de coesão. Resumindo, nele encontramos:

a. muitas repetições;
b. muitas frases estanques, isto é, as ideias não estão ligadas umas às outras.

Agora que identificamos os problemas no texto, fica fácil reformulá-lo, CORRIGINDO AS REPETIÇÕES E ESTABELECENDO RELAÇÕES ENTRE AS IDEIAS. Tente fazer as modificações necessárias e compare-as com as sugeridas no texto a seguir.
Exemplo 1:

---

*O marceneiro Osvaldo notou que o filho estava caminhando com os pés tortos e resolveu investigar. Concluiu que o garoto estava com os pés apertados e, **além disso**, que já era hora de substituir aquele tênis surrado. Levou-o, **então**, à lojinha do Manoel, que ficava perto de sua casa. **Quando lá chegou**, escolheu um* *novo* <u>calçado</u> *para* <u>seu piá</u> *e,* **também,** *separou* <u>o velho</u> *para jogar fora. Mal* <u>experimentara o presente</u>, *começou a chorar. Sem entender o porquê daquele choro,* <u>o homem</u> **não só** *pensou que alguma coisa* <u>o</u> *estava machucando,* **como também** *tirou imediatamente* <u>o sapato</u> *do* <u>baixinho</u>, *que continuou a choramingar, dizendo que amava demais* <u>o companheiro</u> *para trocá-*<u>lo</u> *por* <u>outro</u>. **Assim,** <u>o pai</u> *pôs* <u>o antigo amigo</u> *no* <u>moleque</u> **para** <u>voltarem</u> *para casa da mesma maneira* <u>que</u> *estavam* **no momento em que** *saíram.*

O texto <u>sublinhado</u> indica as substituições feitas para evitar a <u>repetição</u> de palavras, enquanto o texto **em negrito** corrige a **ligação entre as ideias** por meio de uma possível relação de sentido.

Vejamos primeiramente as substituições. Observe que todas possuem um referente anterior, ou seja, só procuramos substituir aquelas palavras que já foram escritas anteriormente e não devem ser repetidas.

Quadro 3.1 – Relação entre as substituições e os referentes

Substituições	Referentes
concluiu	o marceneiro Osvaldo
o garoto	o filho
levou	o marceneiro Osvaldo
-o	garoto / filho
que	lojinha do Manuel
sua	garoto / filho
lá	lojinha do Manuel
chegou	o marceneiro Osvaldo
calçado	tênis
seu	o marceneiro Osvaldo
piá	garoto / filho
o velho	calçado / tênis
experimentara	o piá / garoto / filho
o presente	novo calçado
o homem	o marceneiro Osvaldo

(continua)

(Quadro 3.1 – conclusão)

SUBSTITUIÇÕES	REFERENTES
o	o piá / garoto / filho
o sapato	o presente / novo calçado
baixinho	o piá / garoto / filho
o companheiro	tênis surrado
-lo	tênis surrado
outro	companheiro / tênis / calçado / sapato
o pai	o marceneiro Osvaldo
o antigo amigo	tênis surrado
moleque	o piá / garoto / filho
voltarem	o filho e o pai
que	maneira

Anafóricos

No estudo da coesão, nomeiam-se as substituições feitas como *anafóricos*. Logo, todo anafórico possui um referente anterior. O primeiro passo para obter COESÃO E COERÊNCIA TEXTUAIS é utilizar anafóricos, pois dessa forma o texto não fica repetitivo.

> *O nome "anafórico" é esquisito, mas a sua função é muito simples: substituir palavras ou ideias para que não se repitam no texto.*

Ainda em relação ao texto sobre o marceneiro, precisamos também observar as palavras que ligaram ideias, estabelecendo relações de sentido entre elas. Verifique o Quadro 3.2, notando as relações de sentido surgidas entre as ideias no momento em que foram conectadas.

Quadro 3.2 – Palavras que ligam as ideias e as suas relações de sentido

PALAVRAS QUE LIGAM	RELAÇÕES DE SENTIDO
e	adição
além disso	adição
então	conclusão
quando	temporalidade
e também	adição
para	finalidade
mal	temporalidade
não só... mas também	adição
assim	conclusão
no momento em que	temporalidade

Agora, vejamos mais um exemplo.

Exemplo 2:

A ideia da mãe substituta é mais antiga do que parece. Na Bíblia, lemos que Sara, não podendo engravidar, entregou sua serva Hagar ao marido Abraão, a fim de que ele se tornasse pai. Com isso, evitava o opróbrio que pesava sobre os casais sem filhos. Depois disso, a própria Sara engravidou, uma sugestão de que Deus recompensou seu desprendimento.

Fonte: Jornal Zero Hora, 2006a.

Observe que, com as referências/retomadas que estão sublinhadas, o texto fica muito mais claro e melhor redigido. São elas:

ELE – *Abraão*
COM ISSO – *entregar a serva ao marido para que este se tornasse pai*
DISSO – *entregar a serva ao marido para que este se tornasse pai*
SEU – *de Sara*

Veja como seria desenvolvido o texto se o autor não tivesse tido esse cuidado:

A ideia da mãe substituta é mais antiga do que parece. Na Bíblia, lemos que Sara, não podendo engravidar, entregou sua serva Hagar ao marido Abraão, a fim de que Abraão se tornasse pai. Entregando sua serva Hagar ao marido Abraão, a fim de que Abraão se tornasse pai, evitava o opróbrio que pesava sobre os casais sem filhos. Depois de entregar sua serva Hagar ao marido Abraão, a fim de que Abraão se tornasse pai, a própria Sara engravidou, uma sugestão de que Deus recompensou o desprendimento de Sara.

Ficou terrível, não? Cansativo, extenso, prolixo, repetitivo! Seria uma prova irrefutável da falta de vocabulário e revisão do autor.

Vamos analisar outro exemplo.

Exemplo 3:

Por que as gravações de depoimentos à CPI do Tráfico de Armas foram feitas por um funcionário terceirizado em vez de um servidor do quadro? Este último estaria submetido ao sigilo profissional que um cargo público implica. O primeiro, que entregou aos advogados de Marcos Camacho, o Marcola, por R$ 200, a fita com informações privilegiadas, não tem qualquer compromisso ético juramentado. Mesmo assim, há três anos, tem sido pela mão – pelo ouvido e confessadamente pelo bolso – dele que passam todas as informações sigilosas das CPIs. Informações essas que envolvem desde os nomes velados de testemunhas que arriscaram suas vidas depondo até a extensão do acesso das autoridades aos números das organizações criminosas e, mais, o planejamento estratégico para o seu combate.

FONTE: CARLI, 2006.

Referências:

ESTE ÚLTIMO – *um servidor do quadro*
O PRIMEIRO – *um funcionário terceirizado*
DELE – *um funcionário terceirizado*
ESSAS – *informações sigilosas das CPIs*
SUAS – *das testemunhas*

Outro recurso para estabelecermos a retomada de um termo que seria repetido é a ELIPSE. Com ela, a palavra fica oculta, por ser facilmente depreendida do contexto. Exemplo 4:

Itamar Franco era um homem feliz ao passar a faixa presidencial para Fernando Henrique Cardoso, mas estava tristonho ao acordar no dia seguinte. Já não era presidente da República desde 1º de janeiro e precisava deixar o Palácio do Jaburu [...]. Calado, foi ao banheiro e embalou alguns objetos.

O sujeito do primeiro verbo é explicitamente mencionado – *Itamar Franco*. Os outros verbos do texto têm o mesmo sujeito, então, não é necessário repeti-lo a cada nova frase. É melhor manter o sujeito elíptico, isto é, oculto.

Articuladores

No estudo da coesão, nomeiam-se as palavras que ligam ideias de *articuladores*. Também conhecidos como *conjunções*, *nexos* ou *conectivos*, os articuladores possibilitam estabelecer uma relação de sentido entre as ideias.

Vamos ler os exemplos a seguir:

1. *Paulo não foi bem na prova. Ele não estudou o suficiente.*
2. *Joana estudou muito. Ela não passou no teste.*
3. *Chuva amanhã. Piquenique cancelado.*

Veja se você consegue ligar as ideias por meio de um articulador.
Como você escolheu o articulador apropriado?
Certamente, a escolha se deu com base na relação de sentido que já existia entre as ideias mesmo sem estarem conectadas. Assim, é possível que as respostas encontradas tenham sido as seguintes:

1. *Paulo não foi bem na prova* PORQUE *não estudou o suficiente* (relação de EXPLICAÇÃO/CAUSALIDADE).
2. *Joana estudou muito,* MAS *não passou no teste* ou EMBORA *tenha estudado muito, Joana não passou no teste* (relação de OPOSIÇÃO/CONCESSÃO).
3. SE *houver chuva amanhã, o piquenique será cancelado* (relação de CONDIÇÃO).

Os articuladores apresentam várias possibilidades de sentido. A seguir, verifique o Quadro 3.3 que contempla esses sentidos, bem como alguns exemplos de articuladores.

Quadro 3.3 – Relação entre os sentidos e os articuladores

SENTIDOS	ARTICULADORES
Adição	e, também, ainda, não só... mas também, além disso etc.
Oposição/concessão	mas, porém, contudo, entretanto, no entanto, embora, apesar de, mesmo que etc.
Explicação/causalidade	porque, pois, visto que, uma vez que, já que etc.
Comparação	tal qual, mais que, menos que, como etc.
Condição	se, caso, desde que, quando etc.

(continua)

(Quadro 3.3 – conclusão)

Sentidos	Articuladores
Alternância ou disjunção	ou... ou, ora... ora, seja... seja, quer... quer etc.
Temporalidade ou proporcionalidade	no momento em que, à medida que, mal, quando, enquanto, quanto mais... mais, à proporção que etc.
Finalidade	a fim de, com o objetivo de, para etc.
Conformidade	segundo, conforme, de acordo com, como etc.
Conclusão	portanto, assim, logo etc.

É de suma importância a identificação do sentido que desejamos passar no momento da produção do texto, para que saibamos qual articulador deverá ser selecionado para estabelecer essa "ponte" entre os períodos ou parágrafos.

Alguns articuladores podem estabelecer mais de uma relação de sentido, como veremos nos casos apresentados na sequência.

a. Verifique o *como* nos exemplos a seguir:

Como não viu o carro, acabou provocando um acidente.
Porque não viu o carro, acabou provocando um acidente.
(explicação/causalidade)

Como prevê a lei, nenhuma criança pode ficar sem escola.
Conforme prevê a lei, nenhuma criança pode ficar sem escola.
(conformidade)

Ele é como o pai.
Ele é tal qual o pai. (comparação)

b. Verifique o QUANDO nos exemplos a seguir:
Quando me avisares do nascimento do bebê, irei visitá-lo.
(temporalidade ou condição)
Se me avisares do nascimento do bebê, irei visitá-lo.
(condição)
No momento em que me avisares do nascimento do bebê, irei visitá-lo.
Quando entrei em casa, vi que havia um vulto atrás da cortina.
Mal entrei em casa, vi que havia um vulto atrás da cortina.
(temporalidade)

c. Verifique o E nas seguintes frases:
Casaram-se e foram felizes para sempre. (adição)
Casaram-se, e não foram felizes para sempre.
Casaram-se, mas não foram felizes para sempre. (oposição)

Considerando os exemplos apresentados anteriormente, podemos verificar que é importante conhecermos todos os SENTIDOS possíveis dos articuladores, mas é desaconselhável a sua "decoreba", visto que um mesmo nexo pode assumir um ou mais sentidos.

O que vale mesmo no estudo dos articuladores é entender a relação que as ideias podem ter num determinado texto.

Observe nos textos a seguir os sentidos expressos pelos nexos destacados.

Exemplo 5:

É hoje prática corrente de qualquer acadêmico, mesmo que não se dedique à carreira de investigação, escrever artigos destinados à apresentação em conferências da sua especialidade. Como a generalidade das conferências satisfaz a tradição, é importante que o autor saiba cumprir o formato típico dos artigos científicos.

Elementos de coesão empregados:

- *MESMO QUE* – sentido de concessão (poderia ser substituído, sem prejuízo de significado, por *apesar de não se dedicar...* ou *embora não se dedique...*).
- *COMO* – sentido de causalidade/explicação (poderia ser substituído, sem prejuízo de significado, por *visto que* ou *já que*).

Exemplo 6:

Por vezes é pedido que um artigo seja acompanhado por um conjunto de palavras-chave que caracterizem o domínio ou domínios em que ele se inscreve. Esses termos são normalmente utilizados <u>para</u> permitir que o artigo seja posteriormente encontrado em sistemas eletrônicos de pesquisa. <u>Por isso</u>, devem escolher-se palavras-chave tão gerais e comuns quanto possível.

Elementos de coesão empregados:

- *PARA* – sentido de finalidade (poderia ser substituído, sem prejuízo de significado, por *a fim de permitir...* ou *com a finalidade de permitir...*).
- *POR ISSO* – sentido de causalidade/explicação (poderia ser substituído, sem prejuízo de significado, por *por essa razão...* ou *por esse motivo...*).

Agora vamos analisar dois trechos que utilizam os elementos de coesão estudados. Veremos como o uso dos anafóricos e dos articuladores confere aos trechos coesão, concisão e clareza, qualidades indispensáveis para o bom entendimento de um texto.

Exemplo 7:

O resumo não é uma introdução ao artigo, <u>mas sim</u> uma descrição sumária da <u>sua</u> totalidade, <u>na qual</u> se procura realçar os aspectos mencionados. <u>Deverá</u> ser discursivo, <u>e</u> não apenas uma lista dos tópicos que o artigo cobre. Deve-se entrar na essência do resumo <u>logo</u> na primeira frase, sem rodeios introdutórios <u>nem</u> recorrendo à fórmula estafada "Neste artigo...".

Elementos de coesão utilizados:

- MAS SIM – articulador que expressa oposição de ideias.
- E – articulador que expressa adição de informação.
- LOGO – articulador que expressa temporalidade.
- NEM – articulador que expressa adição de informação.
  (Observe que mesmo os articuladores não devem ser repetidos indefinidamente no texto; é preciso substituí-los por outros que transmitam o mesmo sentido, a fim de evitar a já comentada repetição de palavras.)
- SUA – anafórico que se refere ao termo *artigo*.
- NA QUAL – anafórico que se refere à expressão *descrição sumária*.
- DEVERÁ – anafórico que se refere ao termo *resumo*.

A seguir, apresentamos uma demonstração de como o trecho do exemplo anterior estaria redigido se os elementos de coesão não fossem adequados. Podemos comprovar, assim, o prejuízo em relação ao real sentido que o autor tenta transmitir e para o próprio acompanhamento da leitura e o entendimento do texto.

Exemplo 8:

O resumo não é uma introdução ao artigo, <u>portanto é</u> uma descrição sumária da totalidade <u>do artigo, na descrição sumária</u> se *procura realçar os aspectos mencionados. O resumo deverá ser discursivo, assim não apenas uma lista dos tópicos que o artigo cobre. Deve-se entrar na essência do resumo então na primeira frase, sem rodeios introdutórios sem recorrendo à fórmula estafada "Neste artigo...".*

Cá entre nós... ficou péssimo, não? Sentidos deturpados, repetições desnecessárias. Entretanto, como vimos, perfeitamente passível de aprimoramento.

No trecho a seguir, vamos identificar quais seriam os elementos coesivos necessários para que o texto apresentasse uma redação com mais estilo.

Exemplo 9:

Pretendeu-se que este trabalho proporcionasse, de forma muito sintética, (1) objetiva e estruturante, uma familiarização com os principais cuidados a ter na escrita de um artigo científico. (2) satisfazer (3), optou-se por uma descrição sequencial das componentes típicas de um documento desta natureza. Pensa-se que o resultado obtido satisfaz os requisitos de objetividade e pequena dimensão que pretendia atingir. Pensa-se (4) que constituirá um auxiliar útil, de referência frequente para o leitor que pretenda construir a sua competência na escrita de artigos científicos. Faz-se notar, (5), que ninguém se pode considerar perfeito neste tipo de tarefa. A arte de escrever artigos científicos constrói-se no dia a dia, através da experiência e da cultura. (6), as indicações deste texto deverão ser entendidas como um mero primeiro passo, enquadrador, para uma jornada plena de alicientes, (7) que nunca terá fim.

FONTE: ADAPTADO DE NOGUEIRA, 2006B.

Vejamos agora o sentido exigido pelo contexto para complementar e unir as informações transmitidas:

1. oposição de ideias entre o caráter objetivo e estruturante e a forma muito sintética do trabalho = PORÉM;
2. finalidade/objetivo do trabalho = PARA;
3. referência e retomada à pretensão citada na abertura do texto = ESTE OBJETIVO;
4. adição/complementação de ideias = TAMBÉM;
5. oposição entre o objetivo do trabalho e a dificuldade que toda redação de artigos científicos pressupõe = TODAVIA;
6. articulador que exprime a relação de conclusão, visto ser o último período do parágrafo = ASSIM;
7. oposição entre a ideia de um início de tarefa e a projeção dessa continuidade indefinidamente = MAS.

Segue o texto na íntegra para que comprovemos a sua redação coesa e inteligível.

Pretendeu-se que este trabalho proporcionasse, de forma muito sintética, porém objetiva e estruturante, uma familiarização com os principais cuidados a ter na escrita de um artigo científico. Para satisfazer este objetivo, optou-se por uma descrição sequencial das componentes típicas de um documento desta natureza. Pensa-se que o resultado obtido satisfaz os requisitos de objetividade e pequena dimensão que se pretendia atingir. Pensa-se também que constituirá um auxiliar útil, de referência frequente para o leitor que pretenda construir a sua competência na escrita de artigos científicos. Faz-se notar, todavia, que ninguém se pode considerar perfeito neste tipo de tarefa. A arte de escrever artigos científicos constrói-se no dia a dia, através da experiência e da cultura. Assim, as indicações deste texto deverão ser entendidas como um mero primeiro passo, enquadrador, para uma jornada plena de aliciantes, mas que nunca terá fim.

FONTE: NOGUEIRA, 2006B.

Como vimos, apenas um conjunto de palavras não é capaz de formar uma frase, e um conjunto aleatório de frases também não é suficiente para formar um texto. Para que esse conjunto possa formar um texto COESO, há a necessidade de que essas partes mantenham uma ordenação e uma relação entre si, que estejam de acordo com o sistema linguístico e transmitam aos leitores os sentidos que o autor deseja.

Indicação cultural

COSTA VAL, M. da G. *Redação e textualidade*. 3. ed. São Paulo: M. Fontes, 2006.

Esse livro procura condensar noções relevantes da teoria do texto e aplicá-las à análise de redações, na tentativa de estabelecer um diagnóstico e levantar sugestões para o trabalho com a expressão escrita.

Atividades

Com base no texto *Ela está com tudo*, responda às questões de 1 a 4.

Ela está com tudo

1 Originária da Ásia, a laranja alcançou a Europa e
2 chegou à América com o navegador Cristóvão Colombo.
3 O Brasil conheceu <u>os primeiros exemplares</u> por volta de
4 1540. A excelente adaptação ao nosso clima produziu
5 variedades novas e mais doces do que <u>as</u> originais.

6   Atualmente, está na mira dos cientistas pelos <u>seus</u>
7   benefícios à saúde. "É uma das frutas que mais se
8   enquadram no conceito de alimento funcional, aquele
9   que além de nutrir protege o organismo contra doen-
10 ças", diz a professora Jocelem Mastrodi Salgado, da
11 Esalq/USP.
12   <u>Boa fonte de energia</u> (contém açúcares assimilados
13 facilmente), a laranja é rica em vitaminas do com-
14 plexo B e possui minerais como o cálcio, fundamen-
15 tal para ossos e dentes, e o potássio, <u>que</u> controla a
16 pressão sanguínea e a atividade muscular. Mas <u>seu</u>
17 principal nutriente é a vitamina C: uma unidade
18 grande fornece 60 mg, o total diário recomendado
19 para um adulto. Por isso, aumenta as defesas orgâni-
20 cas contra agressões <u>que</u> provocam envelhecimento
21 e doenças degenerativas, entre <u>elas</u> o câncer, favo-
22 rece a absorção de ferro e é uma aliada dos fuman-
23 tes (a nicotina e o alcatrão promovem perdas diárias
24 de vitamina). De um modo geral, quanto mais ácida,
25 maior é o <u>seu</u> teor de vitamina C.

FONTE: ELA ESTÁ COM TUDO, 2003.

1. Identifique os referentes dos anafóricos indicados a seguir (siga a ordem das palavras sublinhadas no texto).

   os primeiros exemplares – _____
   as – _____
   seus – _____
   boa fonte de energia – _____
   que – _____
   seu – _____
   que – _____
   elas – _____
   seu – _____

2. Retire do texto dois articuladores de adição do primeiro parágrafo.

   _____

3. Retire do texto um articulador de comparação do primeiro parágrafo.

   _____

4. O articulador *mas* (linha 16) estabelece o sentido de _____ e poderia ser substituído por _____, estabelecendo a mesma relação.

5. Com base no texto *A língua solta*, responda às questões a seguir:

A língua solta

Como a linguagem muda

Um dos mitos mais poderosos da nossa civilização é a queda da torre de Babel. Segundo narra a Bíblia, todos falam a mesma língua e vivem em harmonia até que o homem – em flagrante desafio a Deus – resolve erigir uma torre alta o bastante para atingir o céu. O Todo-Poderoso pune a insubordinação destruindo o edifício e, pior que isso, fazendo com que os povos falem línguas diferentes.

O mito espelha o caráter indômito da linguagem: ainda que um dia a humanidade houvesse compartilhado o mesmo idioma, a manutenção de tal situação seria impossível. Mas de onde vem essa natureza incontrolável? Se não há linguagem sem a mente, é de lá que saem muitas das pressões que fazem uma língua se transformar constantemente.

Pessoas gostam de ser ouvidas. Para que sua mensagem chegue ao receptor, elas capricham no discurso. No esforço para prender a atenção do outro, os exageros são comuns. Quem nunca falou de uma colisão de carros como um "desastre"? Pois é, a primeira definição dessa palavra no Dicionário Aurélio é "acontecimento calamitoso". Mas há uma segunda: "acidente". Quando a palavra estiver gasta e não comover mais ninguém, é possível que se busque uma metáfora mais forte para descrever tropeções e cortes no barbear – "catástrofe", talvez.

Fonte: Nogueira, 2006a.

a. Qual o referente de O Todo-Poderoso?
b. Qual o referente de isso no primeiro parágrafo?
c. A que se refere o termo sua do terceiro parágrafo?
d. Retire do primeiro parágrafo um termo, ou expressão, que denote conformidade e outro de finalidade.
e. Qual a relação de sentido estabelecida pelo articulador Ainda que um dia no segundo parágrafo?
f. Qual o referente de elas no terceiro parágrafo?
g. Qual o referente de segunda no terceiro parágrafo?
h. O quando no terceiro parágrafo é um articulador ou um anafórico? Justifique.
i. Localize um articulador de condição no segundo parágrafo.
j. Qual a relação de sentido estabelecida pelo articulador para que no terceiro parágrafo?

(4)

Coerência textual

Daniela Duarte Ilhesca
Mozara Rossetto da Silva

A coerência textual implica que as palavras devem manter uma correlação para que o texto não perca o seu sentido, ou seja, elas não podem ficar isoladas. Às vezes, quando redigimos um texto, não constatamos, num primeiro momento, que pode haver algumas incoerências que dificultarão a interpretabilidade textual. Vamos observar as frases a seguir e verificar se são coerentes ou não.

Exemplo 1:
O meu pai não gosta de futebol, visto que meu pai comprou uma camiseta da seleção brasileira para a Copa.

Façamos uma breve análise dessa frase.

Notamos que há repetição de palavras (*o meu pai*) e contradição de ideias (*não gosta de futebol – comprou uma camiseta da seleção*), sendo que esses fatores acabam por comprometer a coerência do texto. Veja abaixo uma reconstrução coerente da frase:

O meu pai não gosta de futebol, porém comprou uma camiseta da seleção brasileira para a Copa.

Com a utilização de um articulador de oposição (*porém*), a ideia contraditória foi apagada, o texto ganhou fluência, e as duas ideias puderam ficar unidas, estabelecendo uma harmonia textual.

No capítulo sobre coesão textual, vimos como é fundamental o uso de ANAFÓRICOS e de ARTICULADORES que contribuem para a qualidade do discurso escrito. Contudo, existem outros dois itens importantes que vão garantir a coerência de um texto: a NÃO CONTRADIÇÃO entre ideias, tempos verbais e pessoas do discurso e a RELAÇÃO das ideias de forma lógica, como veremos mais adiante.

De acordo com Charolles (1997), a coerência de um texto é sustentada pela utilização de QUATRO PRINCÍPIOS BÁSICOS. Assim, quando terminamos uma produção textual, devemos observar se todos foram considerados. Agora, vejamos cada um deles.

O primeiro é o PRINCÍPIO DA REPETIÇÃO, que se refere à utilização de anafóricos para evitar a repetição de palavras, expressões ou ideias, como podemos observar nos exemplos a seguir.

Exemplo 2:
Ana comprou <u>um carro</u>, mas não <u>o</u> aprovou e decidiu trocá-<u>lo</u> por <u>outro</u>.

Exemplo 3:
<u>O meu trabalho</u> foi entregue antes do prazo estipulado, mas <u>ele</u> apresentou alguns problemas de digitação e resolvi arrumá-<u>lo</u>.

O PRINCÍPIO DA PROGRESSÃO estabelece a utilização de articuladores para que o texto não se repita indefinidamente, isto é, para que haja sempre renovação da informação e acréscimo de novos argumentos.

Exemplo 4:

Em votação realizada ontem à noite, os ministros do Tribunal Superior Eleitoral (TSE) estabeleceram as regras para as eleições de outubro deste ano. Entre as principais resoluções, os magistrados decidiram que não haverá teto para os gastos dos candidatos. <u>Além disso</u>, também está permitida a divulgação de pesquisas de opinião inclusive no dia da eleição, diferentemente do que determinava a Lei Eleitoral sancionada pelo presidente Lula no último dia 10.

<u>No entanto</u>, o tribunal manteve a proibição à realização de showmícios e à distribuição de camisetas e brindes durante a campanha eleitoral, que começa em 5 de julho.

FONTE: TSE LIBERA GASTOS DE CAMPANHA E PESQUISAS, 2007, P. 11.

Observe que há a presença de articuladores e informações novas são acrescentadas, permitindo a fluência do texto e garantindo sua progressão.

O PRINCÍPIO DA NÃO CONTRADIÇÃO diz respeito à obrigatoriedade da coerência entre as ideias, os tempos verbais e as pessoas do discurso, de forma que todos esses itens estejam presentes no texto sem nenhuma contradição. Vejamos alguns exemplos.

Exemplo 5:
Na elaboração deste trabalho, objetivamos mostrar os resultados, para que se tenha uma ideia bastante nítida...

Exemplo 6:
Em suma, procuramos estabelecer alguns parâmetros para que se possa chegar a um resultado satisfatório.

Nos Exemplos 5 e 6, houve modificação da pessoa do discurso (1ª pessoa do plural para 3ª pessoa do singular), desrespeitando a necessidade de mantermos a unidade no texto.

Vejamos como poderíamos redigir essas frases de maneira correta:

Na elaboração deste trabalho, objetivamos mostrar os resultados, para que tenhamos uma ideia bastante nítida...

Em suma, procuramos estabelecer alguns parâmetros para que possamos chegar a um resultado satisfatório.

Exemplo 7:
Não há censura no Brasil, só que algumas informações não podem ser publicadas.

Exemplo 8:
A seleção brasileira venceu a Copa, apesar de ser a favorita.

Os Exemplos 7 e 8 apresentam ideias contraditórias, já que uma ideia vai de encontro à outra. Eles poderiam ser reescritos assim:

Não há censura no Brasil, mas nem todas as informações podem ser publicadas, pois comprometem algumas pessoas.

A seleção brasileira venceu a Copa, já que era a favorita.

Exemplo 9:
A pesquisa não possuía caráter científico e não tem um referencial teórico adequado.

Exemplo 10:
O ministro faz o anúncio de novas medidas econômicas na televisão, e os jornais publicaram-nas.

Nos Exemplos 9 e 10, há modificação do tempo verbal, o que fere o princípio da não contradição, pois devemos observar a uniformidade do tempo verbal (presente, pretérito, futuro e demais flexões) no texto. O correto seria:
A pesquisa não possuía caráter científico e não tinha um referencial teórico adequado.

O ministro fez o anúncio de novas medidas econômicas na televisão, e os jornais publicaram-nas.

Finalizando, o PRINCÍPIO DA RELAÇÃO estabelece que cada parte do texto, cada parágrafo encerrado, prepara o seguinte, e este, por sua vez, retoma e amplia o que foi apresentado pelo anterior, garantindo, assim, a permanência no tema, sem fuga do assunto, como podemos constatar no exemplo seguinte, que trata sobre a noite mais fria do ano no Estado do Rio Grande do Sul:
Exemplo 11:

A noite mais fria do ano até agora cobriu de branco o Rio Grande do Sul. Quem teve de sair de casa logo no início da manhã presenciou belas paisagens, com campos cobertos pela geada na maior parte do Estado. Cambará do Sul voltou a ter temperatura negativa pelo segundo dia consecutivo. Desta vez, o termômetro registrou na cidade dos Campos de Cima da Serra -2,6°C, a menor marca do ano até agora.

O frio também foi intenso nas outras regiões gaúchas, que tiveram mínimas variando entre 2°C e 4°C. Em Santa Maria, termômetros registraram 0,9°C, a segunda temperatura mais fria do Estado. No distrito de Boca do Monte, às 6h30min, uma ponte parecia que recém havia sido pintada de branco.

FONTE: JORNAL ZERO HORA, 2006B.

No Exemplo 11, percebemos que não houve fuga do tema proposto no início do parágrafo, tendo sido retomado e ampliado através de um passeio pelas regiões onde fez frio naquele estado.

Como podemos notar, dois princípios já fazem parte do seu conhecimento básico sobre produção textual: o da repetição, que implica o uso dos anafóricos, e o da progressão, que se refere à utilização de articuladores.

Já os princípios da não contradição e da relação estão diretamente ligados à logicidade das ideias, implicando apenas a manutenção do tema, da pessoa do discurso, do tempo verbal e da não contradição de ideias.

Para finalizar, veja quantas incoerências o texto a seguir apresenta...

Exemplo 12:

O turismo oferece muitas vantagens. Algumas delas e para quem trabalha muito e não conseguia organizar uma agenda de viagens, para isso existirão as maravilhosas agências e outra é o conhecimento de novos vocabulários. Depois que voltamos para nossa terra natal é que se dá o devido valor para o nosso habitat, *na verdade o que ficam mesmo são fotos, filmagens e lembranças e nem sempre as agências conseguem satisfazer os clientes. A vida é feita para ser vivida.*

Problemas do texto:

a. é contraditório quando diz que o turismo oferece muitas vantagens e, no final, afirma que nem sempre as agências conseguem satisfazer os clientes;
b. é contraditório quanto ao uso dos tempos verbais, pois o pensamento inicia no presente, mas no mesmo raciocínio mistura o pretérito e o futuro;
c. é contraditório em relação à pessoa do discurso, na medida em que inicia com a 3ª pessoa (*"o turismo oferece"*) e passa à 1ª do plural (*"voltamos"*) no meio do texto;
d. falta relação entre algumas ideias que perdem a lógica pela falta de sequência no raciocínio, como em *"para isso existirão as maravilhosas agências e outra é o conhecimento de novos vocabulários"*;
e. falta relação do tópico frasal *"o turismo oferece muitas vantagens"* com a conclusão *"a vida é feita para ser vivida"*.

Notamos, ainda, a repetição de palavras e a falta de articulação, o que compromete a coerência do texto.

O texto ficaria bem melhor assim...

O turismo oferece muitas vantagens. Algumas agências de viagens, por exemplo, facilitam a vida de quem trabalha, uma vez que organizam roteiros maravilhosos que possibilitam conhecimentos variados. Outro benefício é a experiência de um vocabulário novo, pois, dependendo da região ou país que se visita, tem-se contato com dialetos diferentes, ou mesmo, com línguas estrangeiras. Há, também, a valorização da terra natal, já que só viajando é que se tem parâmetro de comparação para avaliar o habitat natural. Logo, até quando se veem as fotos, as filmagens e as lembranças, percebe-se o quanto vale viajar.

O texto deixou de ser confuso, contraditório e sem lógica. Há manutenção do tema e da pessoa do discurso (sempre na 3ª), e as ideias estão relacionadas entre si.

Indicação cultural

CUNHA, S. et al. *Tecendo textos*. Canoas: Ed. da Ulbra, 1999.

Nesse livro são abordados os princípios da coerência textual, com explicações, exemplos e exercícios.

Atividades

1. Leia as frases a seguir e identifique os problemas de construção nelas presentes, relacionando-os com os itens propostos:
   a. O trânsito apresenta inúmeros acidentes graves. É preciso saber-se suas causas para descobrirmos as possíveis soluções.
   b. Pelé foi o melhor jogador de futebol que o mundo já viu. Maradona também foi o melhor.
   c. Quando fazia chuva nas minhas férias, eu pensava que até é bom para descansar.
   d. O progresso tecnológico avança a cada dia. A internet é o carro-chefe de todo esse avanço. Hoje, poucas pessoas ainda usam tevê sem controle remoto. As pessoas estão cada vez mais comodistas.

   ( ) Há contradição de ideias.
   ( ) Há contradição no uso da pessoa do discurso.
   ( ) Faltou relação do tópico frasal com a conclusão.
   ( ) Há contradição no uso do tempo verbal.

2. Agora, relacione os exemplos *a*, *b*, *c* e *d* com os seguintes princípios:
   a. Princípio da não contradição: exemplo(s) ____, ____, ____, ____.
   b. Princípio da relação: exemplo(s) ____, ____, ____, ____.

3. Observe o período a seguir:
   Na elaboração de um texto científico, utilizamos a linguagem padrão e deve-se observar a coesão e coerência textuais. Nesse período há problemas que ferem os preceitos do princípio da _____.

4. Como você explica a presença ou não do princípio da repetição no período a seguir?

Comprei um carro usado, mas esse carro apresentou problemas nos primeiros dias de uso e resolvi trocar o carro por outro.

---

(5)

Parágrafo-padrão

Luana Soares de Souza é doutora em Letras pela Pontifícia Universidade Católica do Rio Grande do Sul (PUCRS).

Luana Soares de Souza
Mozara Rossetto da Silva

Muitas pessoas não sentem o mínimo estímulo para elaborar umas poucas linhas escritas; acreditam que não possuem o preparo indispensável para redigir algo que permita desvendar e compartilhar suas ideias. Elas ficam desanimadas por considerarem-se inaptas para o dom da escrita. Qual o motivo de tais sentimentos? Falta--lhes base cultural ou, tão somente, prática? Entretanto, para dominar os medos, é preciso praticar. É preciso ter iniciativa e escrever. Porque só aprendemos a escrever escrevendo.

A redação é um excelente instrumento para desenvolver a criatividade; seu hábito leva à organização do pensamento e ao desenvolvimento da expressão linguística. Ao escrever, transmitimos o que pensamos sobre determinado assunto com base em experiências e vivências, e esta é uma tarefa que necessita de aprendizagem. Parece uma solução fácil, mas não é. Muitas vezes, a pessoa se depara com a incumbência de redigir um texto, mas não consegue delinear uma ideia central; não sabe como começar nem como prosseguir. Para superar o problema, ela deve se convencer de que conhecimento, escrita e leitura são processos relacionados. Mesmo dominando as técnicas de redação, ninguém escreve sobre aquilo que não conhece; por outro lado, mesmo tendo plena informação sobre o assunto, a capacidade de expressão e de divulgação das ideias vai depender da compreensão dos princípios básicos redacionais.

Para poder executar bem a tarefa de escrever, a pessoa deve começar definindo o assunto; depois deve selecionar as ideias principais sobre esse assunto e, entre elas, escolher aquela que é a central. A seguir, deve concatenar as ideias e organizar um esquema que preserve a unidade da redação. Finalmente, deve passar à escrita, lembrando que, nem sempre, escrever bem significa escrever muito.

Para familiarizá-lo com tais técnicas, neste capítulo serão abordadas questões imprescindíveis para a escrita do parágrafo padrão, com o objetivo de levá-lo a reconhecer e a diferenciar os componentes de sua estrutura, além de planejá-lo e redigi-lo adequadamente.

(5.1)

A estrutura do parágrafo: suas partes

Diariamente lemos textos e não paramos para analisar sua estrutura. Esta deve apresentar organização interna própria, que favoreça a coerência textual.

Leia o artigo transcrito a seguir e observe de quantos parágrafos ele é composto.
Exemplo 1:

O desafio da qualidade

Crianças de 5ª série que não sabem ler nem escrever, salários baixos para todos os profissionais da escola, equipes desestimuladas, famílias desinteressadas pelo que acontece com seus filhos nas salas de aula, qualidade que deixa a desejar, professores que fingem que ensinam e alunos que fingem que aprendem. O quadro da Educação brasileira (sobretudo a pública) está cada vez mais desanimador. Na mais recente avaliação nacional, o Prova Brasil, os estudantes de 4ª série obtiveram em Matemática e Língua Portuguesa notas que deveriam ser comuns na 1^a. E os de 8ª mal conseguem alcançar os conteúdos previstos para a 4^a. Enfrentar esse desafio parece, muitas vezes, uma tarefa impossível. Mas a verdade é uma só: assim como está, não dá para continuar! A boa notícia é que cada vez mais gente está percebendo isso – e se mobilizando para mudar essa situação dramática. No início de setembro, um grupo de empresários e líderes políticos lançaram (com grande apoio de jornais e emissoras de rádio e TV) o compromisso Todos pela Educação. Foram apresentadas cinco metas a ser atingidas até 7 de setembro de 2022, o ano do bicentenário da Independência:

Parágrafo padrão

- toda criança e jovem de 4 a 17 anos estará na escola;
- toda criança de 8 anos saberá ler e escrever;
- todo aluno aprenderá o que é apropriado para a sua série;
- todos os alunos vão concluir o Ensino Fundamental e o Médio;
- o investimento na Educação Básica será garantido e bem gerido.

A escolha da data é simbólica e reforça a crença de que um país só pode ser considerado independente, de fato, se suas crianças e jovens têm acesso à Educação de qualidade, afirma Ana Maria Diniz, presidente do Instituto Pão de Açúcar e uma das idealizadoras do pacto [...].

Ninguém mais quer um país com uma taxa tão baixa de escolaridade: nossos alunos ficam, em média, apenas 4,9 anos na escola, contra 12 nos Estados Unidos, 11 na Coreia do Sul e oito na Argentina. E, o que é pior, não aprendem as competências básicas. Pesquisa nacional conduzida pelo Instituto Paulo Montenegro mostra que 74% dos brasileiros são analfabetos funcionais, ou seja, não conseguem ler esta reportagem (na verdade, não compreendem nada mais complexo que um bilhete). É espantador, mas é verdade. De cada quatro pessoas, só uma é capaz de entender o que está escrito em qualquer texto minimamente complexo. E o mesmo ocorre com habilidades matemáticas, como as quatro operações. Até algumas décadas atrás, esses dados tinham relativamente pouca relevância.

Hoje, com a globalização econômica, não dá mais para viver sem dominar essas competências básicas. Estudos comprovam que a riqueza de uma nação depende de sua produtividade e, portanto, da capacitação de sua mão de obra. Em bom economês, gente educada produz mais. Do ponto de vista social, a Educação também é a única saída para reduzir desigualdades. Números do Instituto

Brasileiro de Geografia e Estatística (IBGE) mostram que filhos de mulheres com pouca escolaridade (até três anos de estudo) têm 2,5 vezes mais riscos de morrer antes de completar 5 anos de idade do que as crianças cujas mães estudaram por oito anos ou mais.

Nos últimos anos, o Brasil deu um passo importante ao (praticamente) resolver a questão do acesso à escola: 97% dos jovens de 7 a 14 anos estão matriculados. Só que esses míseros 3% que estão longe de livros e cadernos correspondem a 1,5 milhão de pessoas (logicamente, das camadas mais pobres) [...].

No bicentenário da Independência, o cenário educacional pode ser o mesmo de hoje. Ou não. Mudar essa situação caótica é uma decisão de todos os cidadãos – e não só de empresários e dirigentes políticos, mas de diretores de escola, pais e professores [...].

Fonte: Moraes; Minami, 2006.

Certamente, nesse texto você contou seis parágrafos. Essa simples conclusão é evidente, uma vez que se trata de um aspecto puramente visual e assinalado pelo deslocamento da margem. Entretanto, isso não é tudo. É preciso aprender como se constrói um parágrafo para que ele mantenha a estrutura e a coerência internas.

No artigo apresentado, notamos que, apesar de existir uma relação entre eles (o cenário educacional brasileiro), a cada parágrafo é introduzido um novo enfoque sobre o tema, como um ponto de vista diferente do anterior, ou é feita uma nova abordagem desse tema. Assim, já podemos deduzir que o parágrafo deve se ocupar de apenas um aspecto ou de um enfoque do assunto; dessa forma, é garantida a sua unidade autônoma, a qual pode compor um texto maior.

Parágrafo padrão

Observe a introdução de cada um dos parágrafos do texto. Todas possuem uma ideia-núcleo, que é desenvolvida posteriormente.

1º PARÁGRAFO: <u>Crianças de 5ª série que não sabem ler nem escrever, salários baixos</u> para todos os profissionais da escola, <u>equipes desestimuladas, famílias desinteressadas</u> pelo que acontece com seus filhos nas salas de aula, <u>qualidade que deixa a desejar, professores que fingem que ensinam e alunos que fingem que aprendem</u>.

2º PARÁGRAFO: *A escolha da data é simbólica e reforça a crença de que <u>um país só pode ser considerado independente, de fato, se suas crianças e jovens têm acesso à Educação de qualidade</u>, afirma Ana Maria Diniz, presidente do Instituto Pão de Açúcar e uma das idealizadoras do pacto.*

3º PARÁGRAFO: <u>Ninguém mais quer um país com uma taxa tão baixa de escolaridade</u>: *nossos alunos ficam, em média, apenas 4,9 anos na escola, contra 12 nos Estados Unidos, 11 na Coreia do Sul e oito na Argentina.*

4º PARÁGRAFO: *<u>Hoje</u>, com a globalização econômica, <u>não dá mais para viver sem dominar essas competências básicas</u>.*

5º PARÁGRAFO: <u>Nos últimos anos, o Brasil deu um passo importante ao</u> *(praticamente)* <u>resolver a questão do acesso à escola</u>: *97% dos jovens de 7 a 14 anos estão matriculados.*

6º PARÁGRAFO: <u>No bicentenário da Independência, o cenário educacional pode ser o mesmo de hoje.</u>

Se analisarmos esses seis parágrafos separadamente, poderemos verificar que a maioria deles apresenta: uma INTRODUÇÃO OU FRASE-NÚCLEO, na qual percebemos o enfoque a ser expandido; um DESENVOLVIMENTO, em que são apresentadas as ideias relacionadas ao tópico inicial; uma CONCLUSÃO, na qual o autor faz a retomada do tema e apresenta uma nova ideia, às vezes, a mais importante, ou, ainda, um questionamento que pode servir de gancho para um novo parágrafo.

Tomemos o terceiro parágrafo do artigo e analisemos sua estrutura:

<u>Ninguém mais quer um país com uma taxa tão baixa de escolaridade: nossos alunos ficam, em média, apenas 4,9 anos na escola, contra 12 nos Estados Unidos, 11 na Coreia do Sul e oito na Argentina.</u> E, o que é pior, não aprendem as competências básicas. Pesquisa nacional conduzida pelo Instituto Paulo Montenegro mostra que 74% dos brasileiros são analfabetos funcionais, ou seja, não conseguem ler esta reportagem (na verdade, não compreendem nada mais complexo que um bilhete). É espantador, mas é verdade. De cada quatro pessoas, só uma é capaz de entender o que está escrito em qualquer texto minimamente complexo. E o mesmo ocorre com habilidades matemáticas, como as quatro operações. **Até algumas décadas atrás, esses dados tinham relativamente pouca relevância.**

FONTE: MORAES; MINAMI, 2006.

Nesse parágrafo, observamos que a <u>introdução (sublinhada)</u> é composta por dois períodos, o desenvolvimento contém cinco períodos, e a **conclusão (em negrito)** possui um período. Isso nos possibilita nomeá-lo de PARÁGRAFO PADRÃO. Isto é, ele é composto de uma estrutura modelo que contempla os quesitos de um texto bem elaborado.

Essa análise pode ser realizada nos demais parágrafos do texto, e a única variante será o número de períodos que os compõem, uma vez que todos abordam uma mesma temática – qualidade do ensino no Brasil – de um texto dissertativo.

Outro fator que pode servir como característica do parágrafo padrão é o nível de linguagem, uma vez que ele privilegia o registro padrão.

Vejamos, agora, um exemplo de parágrafo que foi produzido como um texto autônomo, isto é, ele não compõe um texto com mais parágrafos.

Exemplo 2:

Embargo russo

Para tentar pôr fim ao embargo da Rússia contra a carne bovina, suína e derivados produzidos em quatro estados do País, uma missão do governo brasileiro viajará para Moscou no mês que vem, informou o ministro do Desenvolvimento, Indústria e Comércio Exterior, Luiz Fernando Furlan. O comércio foi suspenso em 13 de dezembro de 2005, logo depois do Ministério da Agricultura ter diagnosticado focos de febre aftosa nos rebanhos do Paraná e do Mato Grosso do Sul. A restrição era mais ampla e valia também para carnes e derivados produzidos em São Paulo, Goiás e Mato Grosso.

FONTE: MISSÃO VAI A MOSCOU..., 2006.

O texto anterior é um exemplo de parágrafo. Esse tipo de construção textual traz as seguintes características estruturais:

a. Formalmente, apresenta uma única abertura ou entrada de margem, conforme observamos pela indicação da seta no novo exemplo apresentado.

Exemplo 3:

As novas tecnologias hoje ocupam um lugar essencial em nossas vidas. Constituem a estrutura de nosso sistema de comunicação, seja local, nacional, internacional ou global. E elas são responsáveis por profundas transformações no relacionamento que temos em todas as áreas de nossa vida: no trabalho, em casa, na escola e no lazer. O fato é que agora "temos" que conviver com as novas tecnologias e há muito isso deixou de ser uma opção: quer queiramos ou não elas estão aqui, do nosso lado, interferindo profundamente em nossa relação com o mundo. A começar por uma reformulação da noção de tempo e de espaço que elas nos impõem. É necessária uma revisão completa nesses conceitos.

Fonte: Werthein, 2004.

---

b. Apesar de ser um texto relativamente curto, possui lógica interna e transmite de maneira coesa as informações necessárias. Ambos os exemplos apresentados são compostos pelas três partes indispensáveis a qualquer texto que pretenda estar completo e claro: INTRODUÇÃO, DESENVOLVIMENTO e CONCLUSÃO.

c. Cada uma dessas partes é formada por certo número de períodos, que, obviamente, pode variar de acordo com a necessidade do autor, mas também deve contemplar um mínimo que garanta a sua CLAREZA e CONCISÃO, lembrando que, normalmente, o desenvolvimento é maior do que as outras partes.

O que é mesmo essa tal de concisão?

É uma das qualidades de estilo. Isto é, para que haja uma boa comunicação, o comunicador precisa desenvolver dentro de seu estilo alguns quesitos:
a) Clareza: remete à clareza de pensamento, com pontuação adequada e correta disposição das palavras na frase.
b) Concisão: é a comunicação linguisticamente econômica e eficiente. Utiliza poucas palavras e despreza explicações óbvias e/ou não pertinentes.

Você sabe qual é a diferença entre frase, oração e período?

FRASE: todo enunciado que possui sentido e estabelece comunicação.
ORAÇÃO: frase que tem um ou mais verbos.
PERÍODO: oração ou grupo de orações de sentido completo terminado por um ponto final ou outro sinal equivalente.
PARÁGRAFO: indicado pelo afastamento lateral da margem direita; é composto, em geral, por mais de um período.

Vejamos, então, a estrutura de outro parágrafo.
Exemplo 4:

Inúmeras são as dificuldades que se apresentam ao aluno inexperiente que precisa redigir um texto qualquer, principalmente quando se trata de uma exigência escolar. Ele tenta cumprir a missão, mas, sem uma ideia básica predefinida, não sabe como começar ou prosseguir. Quando, finalmente, consegue escrever algumas linhas, estaciona ou perde o rumo do seu discurso e se desespera por não encontrar as palavras adequadas para expressar as ideias. Lê sua escrita e não gosta; tenta recomeçar, mas as dúvidas e incertezas dificultam o desenvolvimento do tema. Parece-lhe impossível realizar seu trabalho; então, desanima e esquece que as frases são o reflexo das ideias iniciais, boas ou más, e que devem ser naturais e espontâneas. Para ter sucesso, o estudante deve estar consciente de que a expressão por meio da escrita não é uma tarefa difícil; requer, porém, que o autor possua uma certa familiaridade com a língua, realize uma boa e prévia definição do objetivo a atingir e, por fim, exponha, de modo claro e preciso, seus pensamentos.

Parágrafo padrão

Na INTRODUÇÃO, a ideia inicial é apresentada. A partir de uma FRASE-NÚCLEO, o leitor fica ciente do assunto que será tratado no texto: as dificuldades encontradas pelo aluno principiante na redação de um texto.

No DESENVOLVIMENTO, a ideia inicial é expandida, sendo apresentados e ordenados os argumentos que a explicam e sustentam.

- ARGUMENTO 1: ausência de uma ideia básica definida.
- ARGUMENTO 2: perda do rumo do discurso.
- ARGUMENTO 3: falta de palavras adequadas.
- ARGUMENTO 4: dúvidas e incertezas no desenvolvimento do tema.

- ARGUMENTO 5: desânimo e esquecimento.

Na CONCLUSÃO, ocorre um fechamento que retoma a ideia central de modo coeso e coerente. Nesse parágrafo, o autor optou por uma conclusão em que defende a facilidade da exposição escrita do pensamento, a qual só dependeria da familiaridade com a língua, de um adequado planejamento e da clareza e precisão na exposição das ideias.

Observe que, para redigir cada PARTE, foi utilizado um determinado número de PERÍODOS.

Relembrando

PERÍODO: começa com a letra inicial maiúscula e termina com uma pausa bem definida e indicada por ponto final (períodos 1 e 2, a seguir); ponto de interrogação (período 3); ponto de exclamação (período 4); ou reticências (período 5).

ATENÇÃO: vírgula, ponto e vírgula e dois-pontos são sinais de pontuação que não delimitam períodos.

Exemplos de períodos:

1. O ponto final é empregado ao término de um período de sentido completo.
2. O Brasil está entre os países que mais serão afetados pelo aquecimento global, conforme informa uma reportagem publicada pela "Revista Veja".
3. Você gostou da comida daquele restaurante na Estrada do Mar?
4. Mesmo em viagem ao exterior, não se esqueça de sua terra natal!
5. Estou de regime; no momento só me alimento de carnes brancas e de hortaliças, como alface, rúcula, agrião, espinafre...

> Observação: os períodos 1, 3 e 4, por serem constituídos de uma só oração (apenas um verbo), são PERÍODOS SIMPLES. Os períodos 2 e 5 são constituídos de mais de uma oração (mais de um verbo); são PERÍODOS COMPOSTOS.

Vamos, agora, analisar os períodos do parágrafo que constitui o Exemplo 4.

A INTRODUÇÃO é composta por um único período (ou seja, existe um só ponto final). Observe:
Inúmeras são as dificuldades que se apresentam ao aluno inexperiente que precisa redigir um texto qualquer, principalmente quando se trata de uma exigência escolar.

O DESENVOLVIMENTO tem quatro períodos (no caso, caracterizados por quatro pontos finais). Observe:
Ele tenta cumprir a missão, mas, sem uma ideia básica predefinida, não sabe como começar ou prosseguir. Quando, finalmente, consegue escrever algumas linhas, estaciona ou perde o rumo do seu discurso e se desespera por não encontrar as palavras adequadas para expressar as ideias. Lê sua escrita e não gosta; tenta recomeçar, mas as dúvidas e as incertezas dificultam o desenvolvimento do tema. Parece-lhe impossível realizar seu trabalho; então, desanima e esquece que as frases são o reflexo das ideias iniciais, boas ou más, e que devem ser naturais e espontâneas.

A CONCLUSÃO traz um período (ou seja, existe um só ponto final). Observe:
Para ter sucesso, o estudante deve estar consciente de que a expressão por meio da escrita não é uma tarefa difícil; requer, porém, que o autor possua uma certa familiaridade com a língua, realize uma boa e prévia definição do objetivo a atingir e, por fim, exponha, de modo claro e preciso, seus pensamentos.

(5.2)
Produção textual: planejando e elaborando um parágrafo

Como destacado no exemplo anterior, muitas dúvidas e hesitações tem o aluno quando deseja fazer uma boa redação. Sem uma ideia central e um planejamento adequado, ele é tomado por um sentimento de insegurança que o leva a equívocos durante o início e o desenvolvimento do tema. Redigir não é uma tarefa difícil, a qual pode ser perfeitamente aprendida e treinada. Na elaboração de qualquer texto existem três aspectos importantes que devem ser considerados:

1. O CONTEÚDO (o que se tem a dizer sobre o assunto);
2. a ESTRUTURA (a partir do tipo de texto predeterminado, há um padrão a ser seguido em relação ao estilo, ao título, à extensão, ao número e à organização dos períodos etc.);
3. a CORREÇÃO GRAMATICAL (aspectos ortográficos, de pontuação e de concordância, relativos à padronização da língua).

Antes de começar a redigir o texto, é necessário organizar as ideias, seguindo alguns PASSOS IMPORTANTES, e elaborar um ESQUEMA, que servirá como um "esqueleto" do parágrafo.

PASSOS:

1º escolher um ASSUNTO;
2º DELIMITAR esse assunto (isto é, especificá-lo, restringi-lo a um ou dois enfoques); e
3º elaborar o OBJETIVO do parágrafo (ou seja, qual é a intenção de quem redige; aonde quer chegar com os

argumentos apresentados). É importante lembrar que o objetivo sempre é iniciado por um verbo na forma infinitiva, como *mostrar, demonstrar, especificar, esclarecer, exemplificar* etc.

Vamos identificar nos próximos exemplos de parágrafos como podem ser apresentados os seus respectivos esquemas.

Exemplo 5:

Ele começou a ser utilizado na culinária não por dar sabor aos alimentos, mas por seu potencial sanitário. Com um forte poder esterilizador, o sal conservava a comida, impedindo a reprodução de bactérias. Mas esse aliado inicial da saúde agora está sob a mira das entidades médicas. Associado a uma série de problemas, entre eles a hipertensão, o sal foi alvo de uma ação recente da American Medical Association. A entidade pediu à FDA (agência responsável pela regulamentação de alimentos e remédios nos Estados Unidos) que mudasse o status do sal, até agora considerado uma substância de consumo seguro. Além disso, a associação quer reduzir pela metade a quantidade de sódio em alimentos processados ou servidos em lojas de fast-food.

FONTE: LAGE; MANTOVANI, 2006.

ESQUEMA:

1º Assunto: o consumo de sal na alimentação.
2º Delimitação: modificação na utilização do sal.
3º Objetivo: apresentar as providências que organizações médicas pretendem tomar quanto ao consumo incontrolado de sal.

Exemplo 6:

> Estimular nas crianças o compromisso com a organização da casa é uma das missões dos pais. Mas é preciso ter cuidados redobrados na hora de eleger em quais tarefas a ajuda delas é bem-vinda a fim de evitar acidentes. "É preciso ter bom senso. Depende muito da habilidade e da idade da criança", observa Luciana O'Reilly, da ONG Criança Segura. Atribuir a elas a organização dos brinquedos e a arrumação da própria cama, por exemplo, é uma opção segura e repleta de significação. As tarefas ao ar livre também são adequadas: ajudar a estender a roupa no varal, regar o jardim e auxiliar nos cuidados com a horta são algumas das atividades liberadas. Produtos de limpeza devem ser mantidos à distância dos pequenos ajudantes. "Um erro muito comum é colocar esse tipo de produto em embalagens de refrigerante, o que acaba estimulando a ingestão. Alguns, como a soda cáustica e o limpa-fornos, podem causar lesões irreversíveis", lembra Iara Fiks, pneumologista do Hospital e Maternidade São Luís, em São Paulo.
>
> Fonte: Ajuda infantil..., 2006.

Esquema:

1º Assunto: a ajuda das crianças nas tarefas domésticas.
2º Delimitação: a colaboração infantil nos trabalhos da casa exige cuidados.
3º Objetivo: alertar quanto às precauções que devem ser adotadas durante a realização de atividades domésticas por crianças.

> Observe que, em ambos os casos, os autores dos parágrafos organizaram seus textos, com base no esquema, da seguinte forma:
>
> - na INTRODUÇÃO, apresentaram a DELIMITAÇÃO;
> - no DESENVOLVIMENTO, desmembraram o OBJETIVO;
> - na CONCLUSÃO, fecharam o texto de modo coeso e coerente.

Indicação cultural

CARNEIRO, A. D. *Redação em construção*. São Paulo: Moderna, 2002.

Nesse volume, os Capítulos 1 a 6 oferecem orientações muito importantes para a escrita de parágrafos acadêmicos.

Atividades

1. Identifique, em cada um dos parágrafos seguintes, a introdução, o desenvolvimento e a conclusão:
   a. "Se havia ainda alguma dúvida de que a economia americana passa pelo melhor momento de sua história, ela acabou semana passada. Na quarta-feira, foi divulgado o índice de confiança do consumidor, considerado um indicador quase infalível da avaliação que os americanos fazem da solidez do seu emprego e da evolução e do

ambiente econômico do país. O resultado é o melhor dos últimos trinta anos. Ele vem se somar a outros números excelentes. A inflação praticamente desapareceu, o desemprego é o mais baixo em décadas, a bolsa de valores atingiu o índice 7.300, que só se esperava para daqui a alguns anos, e o país lidera a grande revolução tecnológica mundial. Este é o melhor momento econômico dos Estados Unidos e muito provavelmente de toda a história do capitalismo." (Alcântara, 1997).

b. "Até fins da década passada, possuir um tapete oriental no Brasil era privilégio de alguns poucos colecionadores particulares. Com a abertura das importações e consequente diminuição das taxas, a oferta dessas peças aumentou significativamente nos anos 1990, provocando uma crescente curiosidade sobre o assunto. Por isso, e também pelo quase total desconhecimento dos consumidores brasileiros sobre a matéria, nos sentimos compelidos a elaborar este trabalho." (Maltarolli, 2001).

c. "A violência voltou a espalhar terror, com dois atentados que deixaram mais de 40 mortos no Afeganistão e no Iraque. Em um dos ataques, ontem, o alvo era o vice-presidente do EUA, Dick Cheney, que estava em visita ao Afeganistão. Um homem-bomba explodiu-se na frente da principal base militar americana no país [...] matando 23 pessoas e ferindo outras 20, segundo o gabinete do presidente afegão, Hamid Karzai. A milícia Talibã assumiu o ataque e afirmou que o alvo era Cheney. O vice-presidente foi levado a um abrigo antibomba na base em Bagram e depois seguiu para a capital, Cabul. No Iraque, 12 crianças e seis mulheres foram mortas na explosão de um carro-bomba em um campo de futebol em Ramadi. O líder tribal da cidade, Hamid Farhan, acusou a Al-Qaeda pelo atentado. Apesar de o governo iraquiano ter confirmado a explosão e as mortes, o Exército dos EUA disse ignorar o ataque e informou ter feito testes com explosivos no mesmo local." (Jornal Correio do Povo, 2007a).

2. Localize nos textos a seguir o tópico frasal (assunto) e os argumentos apresentados pelos autores:

a. "Os seres humanos não vivem juntos, não vivem em sociedade, apenas porque escolhem esse modo de vida, mas porque a vida em sociedade é uma necessidade da natureza humana. Assim, por exemplo, se dependesse apenas da vontade, seria possível uma pessoa muito rica isolar-se em algum lugar, onde tivesse armazenado grande quantidade de alimentos. Mas essa pessoa estaria, em pouco tempo, sentindo falta da companhia, sofrendo a tristeza da solidão, precisando de alguém com quem falar e trocar ideias, necessitada de dar e receber afeto. E muito provavelmente ficaria louca se continuasse sozinha por muito tempo." (Dallari, 2005).

b. "Quem testa em um mesmo dia os modelos Honda Civic e Accord pode pensar que se trata de dois carros de duas marcas diversas. Da inata esportividade do Civic à placidez e à maciez do Accord, a diferença está justamente nos mercados aos quais se destinam. O Accord, que está um degrau acima do Civic em preço e *performance*, destina-se ao mercado norte-americano, onde tem a ingrata missão de combater o Toyota Camry. O Civic, na versão brasileira, é um belo automóvel, com tendência à esportividade que nada tem a ver em termos de comportamento com a linha anterior: saiu o calmo, entrou o nervoso. Na prática, isso significa que o atual Civic com rolagem menor de carroceria, câmbio mais rápido e reações enérgicas agrada a um público de perfil mais dinâmico e jovem, ausente no modelo anterior." (Jornal Correio do Povo, 2007b).

3. Determine o assunto, a delimitação e o objetivo de cada um dos textos a seguir:

a. "Um dos responsáveis pela potência que a Globo é hoje, José Bonifácio de Oliveira Sobrinho, o Boni, está na contramão dos que 'vendem' a TV digital como uma grande revolução. 'A TV digital não muda nada. Seu impacto será menor do que o da TV em cores', aposta. Boni, ex vice-presidente da Globo, falou sobre o assunto anteontem no Maximídia, evento para o mercado publicitário que termina hoje em São Paulo. Boni elogia a decisão do governo de ter optado por um padrão de TV digital derivado do japonês, mas faz críticas pontuais e desdenha dos benefícios dela (a alta definição, a mobilidade e a interatividade)." (Castro, 2011).

b. "Apesar de não haver um registro exato de quando esta terapia do Reiki teve início no planeta, estima-se que há cerca de oito mil anos os tibetanos já faziam tratamentos sofisticados utilizando a energia polarizada ('ki'). Mas o mérito da descoberta é atribuído ao médico e teólogo japonês Mikao Usui, que procurou, há 150 anos, a resposta para as curas milagrosas realizadas por Buda e Jesus Cristo. A investigação de Usui levou 28 anos, durante esse período, ele visitou mosteiros, inúmeros países e estudou línguas arcaicas para entender manuscritos. A conclusão, porém, só foi encontrada após 21 dias de meditação, praticada em uma montanha sagrada chamada Monte Kuriyama. Quando alcançou finalmente a iluminação, o médico, enfraquecido e faminto, resolveu buscar um lugar para passar a noite e se alimentar. Desceu a montanha e machucou um de seus pés. Ao segurá-lo, instintivamente, o sangue estancou de imediato e a dor passou. Nesse momento, descobriu o que tanto desejava." (Revista Estilo Natural, 2006).

c. "O Estado chinês, para conter o aumento da população, há mais de 20 anos aplica uma política rigorosa de controle de natalidade para obrigar as famílias a reduzir a prole para apenas um filho. As que geram mais de um pagam multa e só podem matricular um único filho em escola pública. Assim, mesmo nas famílias mais abastadas, criou-se lá o fenômeno dos filhos únicos. No Brasil, não há política oficial de controle de natalidade, mas a dificuldade econômica provocou a redução da prole, principalmente nas famílias de classe média, já que, para criar um filho, é preciso investir boa parte do orçamento familiar. Aqui, constatamos a formação de famílias que geram só um ou, no máximo, dois filhos. Na China, o fenômeno do filho único transformou o comportamento dos pais em relação ao filho. O exagero de apego, de proteção e de mimos colaborou na construção de uma geração de crianças com enorme dificuldade em obedecer e grande talento para mandar. Lá, eles são chamados de 'os pequenos imperadores'. No Brasil, a cultura da juventude eterna e a do consumo exagerado têm provocado efeitos semelhantes nas crianças. Os pais, bastante ocupados com a própria vida, têm tido pouca energia, paciência e disponibilidade para a árdua tarefa educativa." (Jornal Folha de S. Paulo, 2007).

d. "Depois das férias e do Carnaval, as aulas de 2007 estão se iniciando. O dia a dia recomeça não só para alunos, professores e servidores que voltam às escolas, mas também para os pais e toda a sociedade. A importância da educação é amplamente reconhecida. Todos sabem que mais educação é mais saúde, mais possibilidade de emprego, mais renda, mais desenvolvimento, mais qualidade de vida, mais democracia, menos violência. Mas não basta assegurar o acesso à escola. Nossas crianças e adolescentes precisam permanecer na escola, ser aprovados ao final do ano letivo, concluir o ensino fundamental e o médio e aprender o que é esperado. A escola deve desenvolver as competências e habilidades cognitivas necessárias à inserção autônoma e produtiva dos indivíduos na sociedade do conhecimento do século XXI e disseminar os valores de liberdade, solidariedade, tolerância, respeito à diversidade e ao bem comum, imprescindíveis à formação de cidadãos conscientes e críticos e à consolidação da democracia. Antes de tudo, deve desenvolver nos alunos a capacidade de aprender a aprender, pois tudo o que hoje sabemos estará superado em alguns anos." (Abreu, 2011).

e. "'Coma e deixe comer.' Nessa simples máxima, que contraria os mandamentos *diet*, *light*, anticolesterol, antigordura e congêneres dos tempos modernos, reside não só o prazer mas também a saúde das refeições, sentencia o sociólogo Barry Glassner, autor de 'The Gospel of Food' (O evangelho da comida), livro lançado nos EUA e em negociação para sair no Brasil. Alarmado com a disseminação do que chama de 'o evangelho do nada' na sociedade norte-americana – devido à crescente valorização dos alimentos pelo que eles deixam de ter mais do que pelo que realmente contêm – e definitivamente convencido de que havia algo de errado em seus conterrâneos depois de, em um aniversário, ter de engolir um bolo sem ovos, açúcar, manteiga, leite e farinha, Glassner decidiu investigar por que comer nos Estados Unidos virou, em suas palavras, um ato de culpa." (Mota, 2007).

(6)

A paráfrase

Dóris Cristina Gedrat é doutora em Linguística Aplicada pela Pontifícia Universidade Católica do Rio Grande do Sul (PUCRS).

Dóris Cristina Gedrat
Mozara Rossetto da Silva

M̲anipular a linguagem requerida por meio de bom manejo linguístico e emprego de recursos os mais variados é fundamental. Essa tarefa demanda envolvimento do redator com o texto de modo a organizá-lo à sua maneira, não apenas plagiando-o ou reproduzindo-o quase na íntegra, mas, sim, formulando hipóteses sobre as alternativas existentes e selecionando-as para aplicação.

Este capítulo tem dois objetivos principais: promover a compreensão e a aplicação do processo de transformação de linguagem de um texto em outro, semanticamente equivalente ao texto-fonte; levar a uma breve reflexão, orientada com exemplos, sobre as nuanças de significado produzidas pela escolha da paráfrase empregada em cada caso.

Vamos compreender e praticar a paráfrase?

Leia o texto a seguir e a paráfrase correspondente com atenção.

Texto original

Café dos gourmets

GRÃOS ESPECIAIS TRANSFORMAM O CAFEZINHO NUMA EXPERIÊNCIA INESQUECÍVEL.

O cafezinho, quem diria, conquistou seu lugar ao sol no reino dos sabores e aromas da alta gastronomia. Bem tirado, de preferência numa boa máquina de café expresso, é inesquecível. Pode ser preparado em casa, bebido em restaurantes finos ou em cafeterias chiques – como a Suplicy, de São Paulo, e o Armazém do Café, do Rio de Janeiro. A alma desse fenômeno é o café gourmet. Produzido com grãos especiais, geralmente do tipo arábica, recebe cuidado artesanal da plantação à torrefação. O resultado é uma bebida sem o amargor típico dos cafés comuns e com uma diversidade maior de aromas e sensações. Alguns cuidados são essenciais. A água não deve chegar ao ponto de fervura. "O preparo deve ser feito com água mineral", recomenda a barista Isabela Raposeiras. "Se puder moer o grão na hora, melhor."

Fonte: Adaptado de Costa, 2007.

Paráfrase

Café dos gourmets

GRÃOS ESPECIAIS LEVAM À TRANSFORMAÇÃO DO CAFEZINHO NUMA EXPERIÊNCIA INESQUECÍVEL.

O cafezinho, quem diria, destaca-se onde os sabores e os aromas da alta gastronomia são altamente valorizados. É impossível esquecê-lo, se bem tirado, de preferência numa máquina de café expresso de boa qualidade. Pode-se prepará-lo em casa, bebê-lo em restaurantes finos ou em cafeterias chiques – como a Suplicy, de São Paulo, e o Armazém do Café, do Rio de Janeiro. Sua alma é o café gourmet. Produzido com grãos especiais, geralmente do tipo arábica, é cuidado artesanalmente desde sua plantação até o momento da torrefação. O resultado é uma bebida não tão amarga como tipicamente são os cafés comuns e muito mais diversificada em aromas e sensações que causa. Deve-se tomar alguns cuidados, como, por exemplo, não ferver a água. Além disso, "O preparo deve ser feito com água mineral e, se for possível moer o grão na hora, melhor", recomenda a barista Isabela Raposeiras.

Conforme podemos perceber na transformação sofrida pelo texto original, a PARÁFRASE é uma atividade de REFORMULAÇÃO de partes ou da totalidade de um texto. É um mecanismo sintático que cria alternativas de expressão para um mesmo conteúdo.

Há várias maneiras de elaborar paráfrases e transformar um enunciado A em um enunciado B. Observemos os exemplos a seguir.

Exemplo 1:

O cliente finalmente recebeu a chave de sua nova <u>casa</u>.
O cliente finalmente recebeu a chave de sua nova <u>residência</u>.

Explicação: O substantivo *casa* foi trocado por seu sinônimo *residência*. Essa é uma transformação que utiliza sinônimos.

Exemplo 2:

<u>As filhas do gerente do banco</u> foram convidadas para a festa de formatura.
<u>As moças mais bonitas do meu bairro</u> foram convidadas para a festa de formatura.

Explicação: As expressões *as filhas do gerente do banco* e *as moças mais bonitas do meu bairro* não são necessariamente expressões sinônimas, mas, num determinado contexto, podem referir-se às mesmas pessoas.

Exemplo 3:

Este ano, o inverno promete ser rigoroso.
O inverno promete, este ano, ser rigoroso.

Explicação: Os termos da oração são simplesmente deslocados de lugar, sem que haja necessidade de alterar a construção verbal. (processo de inversão de elementos).

Exemplo 4:

A secretária <u>escreve</u> relatórios claros e sucintos.
Relatórios claros e sucintos <u>são escritos</u> pela secretária. (presente)

A secretária <u>escreveu</u> relatórios claros e sucintos.
Relatórios claros e sucintos <u>foram escritos</u> pela secretária. (pretérito perfeito)

A secretária <u>escrevia</u> relatórios claros e sucintos.
Relatórios claros e sucintos <u>eram escritos</u> pela secretária. (pretérito imperfeito)

A secretária <u>escreverá</u> relatórios claros e sucintos.
Relatórios claros e sucintos <u>serão escritos</u> pela secretária. (futuro do presente)

A secretária <u>escreveria</u> relatórios claros e sucintos.
Relatórios claros e sucintos <u>seriam escritos</u> pela secretária. (futuro do pretérito)

Explicação: Passagem da voz ativa para a voz passiva. A voz passiva é construída por meio de uma inversão da frase original. O que era objeto (e estava no final da oração) passa para o início da frase, e o sujeito vai para o final, inserindo-se o verbo *ser* antes do verbo principal da frase.

Exemplo 5:

O coral <u>cantou</u> o hino, depois a banda <u>executou</u> a marcha fúnebre.
      VERBO   VERBO

O <u>canto</u> do hino pelo coral foi seguido pela <u>execução</u> da marcha fúnebre.
SUBSTANTIVO   SUBSTANTIVO

Exemplo 6:

A justiça ordenou que a criança <u>fosse entregue</u> imediatamente
                                                VERBO
aos pais.

A justiça ordenou a <u>entrega</u> imediata da criança aos pais.
SUBSTANTIVO

Exemplo 7:

Ontem à noite percebi que as palavras
de um velho amigo eram <u>sensatas</u>.
ADJETIVO

Ontem à noite percebi a <u>sensatez</u> das palavras de um velho amigo.
SUBSTANTIVO

Explicação: Trata-se de um processo que altera a classe gramatical das palavras. Se no texto original aparecia um verbo, na paráfrase esse verbo será transformado em nome, ou seja, substantivo ou adjetivo, ou vice-versa.

Exemplo 8:

Foi necessário <u>fazer</u> todo o esforço possível para superar a crise.
Foi necessário <u>que se fizesse</u> todo o esforço possível para superar a crise.

Exemplo 9:

Não é certo <u>ficarmos</u> esperando pelo resto da vida.
Não é certo <u>que fiquemos</u> esperando pelo resto da vida.

Explicação: Nos Exemplos 8 e 9, as formas verbais são transformadas.

Exemplo 10:

Pedro é <u>mais</u> forte <u>que</u> João.

João é *mais* fraco *que* Pedro.

Exemplo 11:

Maria é *mais* esperta *do que* Ana.
Ana é *menos* esperta *do que* Maria.

Explicação: Nos Exemplos 10 e 11, são utilizados comparativos de superioridade e inferioridade.

Com base no que foi visto até aqui, pode parecer que a língua oferece recursos para o emissor dizer algo de diferentes maneiras sem nenhum envolvimento intencional de sua parte. No entanto, veremos a seguir que não é assim. A escolha por uma paráfrase em detrimento de outra não é mero acaso, mas fruto da intenção comunicativa do falante (emissor), o qual, mesmo que inconscientemente, procura a forma mais eficaz de dizer o que deseja.

Por que se escolhe uma forma de dizer as coisas e não outra?

Muitas áreas do conhecimento interessam-se pelo uso da paráfrase. Sua utilização é mais frequente e mais importante do que imaginamos. Parafraseamos constantemente, mesmo quando não o fazemos de forma planejada. Quando queremos reduzir a intensidade de uma afirmação grave ou agressiva, quando queremos intensificar a ênfase num determinado aspecto de algo, nessas e em outras ocasiões, utilizamos a paráfrase mesmo sem sabermos.

Sob o ponto de vista puramente sintático (que considera apenas a estrutura das orações da língua), a paráfrase altera de diferentes maneiras um enunciado, mas mantém o seu sentido original, não lhe acrescentando dados complementares – conforme o conteúdo apresentado na unidade anterior. Entretanto, se considerarmos as intenções do falante, teremos de admitir que ele não escolhe uma ou outra forma de dizer as coisas POR ACASO, isto é, sem nenhuma intenção subliminar.

Por exemplo, o simples fato de um período iniciar com uma informação e não com outra já demonstra que o seu autor está dando ênfase à informação com a qual iniciou o período, conforme demonstrado nas paráfrases do Exemplo 12.

Exemplo 12:

---

a. João vendeu seu carro para o filho do prefeito.
b. O filho do prefeito comprou o carro de João.

Em (a) o fato de João ter vendido o carro é mais relevante do que em (b), frase na qual é enfatizada a informação sobre quem comprou o carro de João. Isso sem considerar a entoação da frase ao ser dita oralmente, pois, se for feita a entoação ascendente em (a) (iniciando a frase com tom de voz mais baixo e aumentando-o gradativamente), a informação destacada será *o filho do prefeito*, mas isso no sentido de garantir que o ouvinte entenda a ideia, e não porque essa seja a informação mais importante que se quer passar. O mesmo ocorre em (b).

Agora, observe a forma de o comentarista A relatar os acontecimentos durante a corrida de um grande prêmio de Interlagos, comparando-a com a construção das frases escolhidas por B para relatar o mesmo fato, como veremos a seguir:

Exemplo 13:

---

c. *Abatido, mas conformado, o piloto seguiu para os boxes, onde desabafou.*

d. *A falha praticamente pôs fim ao GP Brasil mais concorrido dos últimos anos.*

FONTE: ILARI, 2001, P. 13.

Claramente, o comentarista do primeiro enunciado não vê o resultado negativo da corrida como algo tão dramático para o GP Brasil como o segundo comentarista. Além disso, o primeiro ressalta a participação do piloto, o seu esforço e sua decepção, enquanto o segundo focaliza somente o fato de o Brasil ter perdido, aumentando, inclusive, a importância desse fato.

Nos Exemplos 12 e 13, a veracidade da informação não é prejudicada, ou seja, tanto (a) quanto (b), no Exemplo 12, e tanto A quanto B, no Exemplo 13, são igualmente verdadeiras. O que se revela por trás do que é dito em cada paráfrase é uma orientação diferente no ponto de vista de quem fala. Assim, embora a paráfrase seja caracterizada estruturalmente como uma reformulação sem mudança no sentido, sob o aspecto da intenção do falante há diferenças entre as duas formas alternativas de ele dizer o que quer.

Isso também fica claro ao considerarmos diferentes veículos de comunicação de massa, como jornais e revistas. A seguir, apresentamos um trecho de uma notícia publicada no *Zero Hora* (Lula descarta..., 2007) e uma notícia publicada na *Agência Brasil* (Santana, 2007), ambas sobre o fato de o presidente Lula não ter aceitado a renegociação de Itaipu. As matérias aparecem, respectivamente, no dia 22 de maio e no dia 21 de maio de 2007, revelando diferenças na orientação argumentativa de cada veículo de comunicação e, portanto, na visão ideológica de cada um.

Exemplo 14:

Lula descarta renegociar Itaipu

Pelo tratado, cada um dos dois países tem o direito de utilizar 50% da energia produzida pela usina e a energia não consumida pode ser vendida ao outro sócio. Atualmente, o Paraguai consome somente 6% da energia a que tem direito, e por isso cede a maior parte do excedente ao Brasil, a preço de produção.

– A sociedade vai compreender que, num futuro próximo, haverá tantas empresas brasileiras produzindo em território paraguaio que Itaipu já não será motivo de discussão entre nós – disse Lula, durante entrevista coletiva em Assunção, ao lado do presidente Nicanor Duarte.

[...] A vinda de Lula ao Paraguai, pela primeira vez em visita oficial, foi precedida por duras críticas da oposição política que qualificou Duarte de "entreguista" pelo fato de ele não reclamar do preço "irrisório" pago pelo Brasil pela cessão de energia do Paraguai.

[...]

Nicanor Duarte, em discurso, pediu mudanças no tratado da usina:

– [...] creio que é preciso buscar um grande acordo político para mudar os termos do tratado, buscar mais justiça e igualdade, no curto e médio prazo, para refletir o que significa Itaipu para o Paraguai.

FONTE: LULA DESCARTA..., 2007.

Exemplo 15:

No Paraguai, Lula nega interesse brasileiro de revisar Tratado de Itaipu

LULA FAZ AFIRMAÇÃO DEPOIS DE O PRESIDENTE NICANOR DUARTE DIZER QUE O ACORDO DEVERIA SER REVISTO. PARA O PRESIDENTE, OS DOIS GOVERNOS PODEM TRATAR DE OUTRAS QUESTÕES RELACIONADAS A ITAIPU.

Em visita hoje ao Paraguai, o presidente Luiz Inácio Lula da Silva afirmou que o governo brasileiro não pretende revisar o Tratado de Itaipu. A afirmação foi feita em discurso no palácio do governo paraguaio, depois de o presidente Nicanor Duarte dizer que o acordo deveria ser revisto. "Já tinha tido a oportunidade, em uma entrevista a dois periódicos do Paraguai, de dizer que não estava na cogitação do governo brasileiro a discussão sobre o tratado", reiterou Lula.

Segundo ele, o assunto foi conversado com Nicanor Duarte e com ministros de ambos os países. "Não existe tema proibido dentro do marco do tratado", acrescentou o presidente brasileiro.

Ele ressaltou que os dois governos podem tratar de outras questões relacionadas a Itaipu. "Penso que precisamos fazer uma coisa de cada vez, porque o que me interessa mais é contribuir para que a economia do Paraguai possa crescer. E, crescendo a economia do Paraguai, possamos utilizar toda a energia de Itaipu".

Na avaliação dele, a relação entre os dois países avançou bastante, principalmente porque Paraguai e Brasil começaram a olhar na mesma direção. Disse, ainda, que ambos poderão dar novos passos se souberem lidar com a burocracia.

"O problema da burocracia não é apenas da burocracia brasileira ou paraguaia. A burocracia é burocracia em qualquer parte do mundo. Nós, latinos, reclamamos muito. Quando não temos a quem culpar, culpamos a burocracia".

FONTE: SANTANA, 2007.

A escolha das informações e dos comentários expressos por um e outro veículos de comunicação revela o objetivo que cada um teve ao publicar a notícia. Entre outras diferenças, enquanto o jornal *Zero Hora* (Lula descarta..., 2007) ofereceu uma análise mais acurada do significado da recusa do presidente Lula para renegociar Itaipu, a *Agência Brasil* (Santana, 2007) limitou-se a transmitir os fatos, sem muita interpretação.

Qualquer falante é capaz de produzir um número infinito de paráfrases, e esse recurso linguístico é utilizado para os mais diferentes propósitos, como, por exemplo, nesses dois casos a seguir:

- NA TRADUÇÃO: a paráfrase acaba sendo uma das soluções devido à não coincidência vocabular, semântica e sintático-estrutural entre os idiomas envolvidos no processo. O tradutor, então, na tentativa de manter o sentido original, geralmente recorre a uma solução parafrástica no idioma de chegada com relação ao idioma de partida.
- NA PSICANÁLISE: também se reconhece a importância da paráfrase. Sarah Koffman (1975) aborda a questão do interpretar e do resumir em Freud. A glosa freudiana implica um duplo sentido, permitindo não só a fidelidade ao texto, como também a sua inteligibilidade. Assim, a fronteira entre interpretar e resumir é muito tênue, fazendo com que o resumo seja já uma interpretação e insinuando que nunca haveria paráfrase pura, mas, sim, um segundo texto sobre um primeiro acrescido de diferenças. Desse modo, nunca haveria tradução, e sim sempre interpretação.

Portanto, mais do que um efeito retórico ou estilístico, a paráfrase é um efeito ideológico de continuidade de um pensamento, fé ou procedimento estético. Isso porque nenhum enunciado existe fora de um discurso (entendido como o conjunto de convicções e práticas ideológicas de um determinado grupo) e todo discurso compreende duas situações interpretativas: a primeira diz respeito ao contexto em que ele foi proferido; a segunda evoca os sentidos que são suportados por tais declarações ou enunciados, independentemente do lugar em que foram produzidos e de quem os formulou.

Parafrasear um enunciado com a intenção de manter a informação inicial e os seus sentidos exige alguns cuidados. Entretanto, sempre deixamos filtrar nossas intenções, ideias e sentimentos na forma como parafraseamos. Reconhecer e aplicar tal processo afeta a habilidade do falante, pois assim seu desempenho argumentativo certamente se enriquecerá. Ele será capaz de identificar as intenções de outros e, ao mesmo tempo, de fazer valer as suas em determinadas circunstâncias.

Indicação cultural

ILARI, R. *Introdução à semântica*: brincando com a gramática. 4. ed. São Paulo: Contexto, 2003.

O autor faz com que o aprendizado do significado na língua portuguesa seja uma experiência gostosa de se vivenciar e leva o aprendiz a desenvolver noções sobre relações de significado profundamente inseridas no idioma, dedicando dois capítulos à paráfrase. Além de ser agradável, a obra localiza o estudante exatamente em sua realidade diária, ao desenvolver temas acompanhados de ilustrações do cotidiano.

Atividades

1. Como foi visto, a escolha entre construções gramaticais "que têm o mesmo sentido" nunca é totalmente neutra, muitas vezes revelando diferentes ideologias por trás do que se diz. Dê a sua interpretação ao fato, ilustrado a seguir, de que a mesma pergunta pode ser respondida de formas diferentes:

   Quanto são dois mais dois? Dois mais dois são quatro.
   Quanto são dois mais dois? Quatro são dois mais dois.

2. Elabore paráfrases das orações a seguir, substituindo o gerúndio destacado por outra forma de verbo, mas mantendo o sentido original, conforme o modelo:

   <u>Chegando</u> às 21h 30min, você perdeu a melhor parte do *show*, que foi a abertura.
   Porque você chegou às 21h 30min, você perdeu a melhor parte do *show*.

   a. Não acredito muito nessa história de vazamento. <u>Vazando</u> óleo, o caminhão não teria ido muito longe.

   b. O passageiro acordou quando o ônibus já estava para partir, <u>conseguindo</u> ainda desembarcar.

3. Diga qual(quais) processo(s) de paráfrase ocorre(m) em cada um dos casos a seguir:
Utilize a seguinte legenda:
1. Substituição de palavras com sentido semelhante.
2. Inversão com/sem voz passiva.
3. Alteração do verbo.
4. Mudança de classe gramatical.
5. Comparação por superioridade, inferioridade e igualdade.

a. (   ) Foi assim que o José descobriu que estava doente.
Foi assim que o José descobriu sua doença.
b. (   ) O dentista fazia uma pausa para descanso diariamente.
Cada dia, o dentista parava para descansar.
c. (   ) O lançamento do nome da vereadora como candidata a prefeita da cidade ocorreu no diretório municipal do partido.
O nome da vereadora como candidata a prefeita da cidade foi lançado no diretório municipal do partido da cidade.
d. (   ) Não se aconselha a tomar a medicação sem consultar o médico.
Medicar-se sem consultar o médico não é aconselhável.
e. (   ) O cálculo das prestações feito pelo agente imobiliário não foi tão preciso quanto o do banco financiador.
O banco financiador calculou as prestações de forma mais precisa do que o agente imobiliário.
f. (   ) Para soltar os reféns, o assaltante exigiu que todo o dinheiro fosse entregue.
O assaltante exigiu a entrega de todo o dinheiro como condição para a soltura dos reféns.

4. O que poderia significar o diálogo a seguir, que parece estranho à primeira vista?

A – O novo gerente do Banco do Brasil se indispôs com a cidade inteira.

B – Não, foi a cidade inteira que se indispôs com o novo gerente do Banco do Brasil.

a. A cidade foi muito receptiva com o novo gerente do Banco do Brasil.
b. O novo gerente do Banco do Brasil demonstrou indisposição logo ao chegar à cidade.
c. O novo gerente do Banco do Brasil propositalmente causou indisposição na cidade.
d. A cidade não aceita o novo gerente do Banco do Brasil.
e. Nenhuma das alternativas anteriores.

(7)

Do texto falado
ao texto escrito

Mara Elisa Matos Pereira é doutora em Teoria Literária pela Pontifícia Universidade Católica do Rio Grande do Sul (PUCRS).

Maria Alice Braga é doutora em Teoria da Literatura pela PUCRS.

Mara Elisa Matos Pereira
Maria Alice Braga
Mozara Rossetto da Silva

Este capítulo tem como objetivo analisar a transformação do texto oral em texto escrito, bem como estabelecer relações entre ambos, apontando diferenças e semelhanças, gradações e mesclas; em suma, os processos observados quando ocorre a transformação da oralidade para a escrita.

Com base neste estudo, esperamos que você seja capaz de perceber que fala e escrita inter-relacionam-se, sobrepõem-se, misturam-se e, por vezes, distanciam-se, sendo as duas modalidades, no entanto, essenciais para suprir as necessidades de comunicação humana nas situações sociais específicas em que são utilizadas.

Uma atividade linguística centrada na retextualização do texto oral para o escrito pressupõe um processo que extrapola o mero exercício das habilidades comunicativas, pois o cerne da retextualização está no envolvimento do sujeito com suas próprias práticas discursivas, organizando as ideias e as palavras e distribuindo-as de acordo com as convenções da escrita.

(7.1)
Organização do texto conversacional

O texto falado não é formulado unilateralmente, há características particulares que se evidenciam na sua formulação. Na conversação, notamos que, algumas vezes, por várias razões, as pessoas hesitam ao falar, repetem-se, corrigem sua fala ou a de seu interlocutor e até mesmo parafraseiam o que já foi dito. Essas reações são justificadas por integrarem as atividades de formulação do texto falado. Ainda que, num primeiro momento, seja possível entender que se trata de problemas da fala, é importante saber que esses aspectos fazem parte da intercompreensão na oralidade.

Veja o quanto as ocorrências descritas a seguir estão presentes nas nossas conversas do dia a dia!

- Hesitação – É um indício de dificuldade de formulação que reforça a tese de que a fala é construída passo a passo, sendo um processo de criação.
Exemplo:

L1 – *Eu trabalhava na Prefeitura Municipal fazendo parte da... da... secretaria de desporto.*
L2 – *Ah, na... na..../no setor de esportes?*

- Paráfrase – Como já vimos, paráfrase é um recurso pelo qual reconstruímos o pensamento de uma forma diferente do modo como foi construído anteriormente, porém comunicando a mesma mensagem. Sua função principal é garantir a compreensão do que queremos comunicar.
Exemplo:

L1 – *Como aquela atriz está velha! Ela está envelhecida, também ela é bastante antiga na tevê!*

- Repetição – A repetição também integra as atividades de formulação, na medida em que garante a continuidade do tópico discursivo, bem como a coesão e a coerência.
Exemplo:

L1 – *Você acha que o time da Ulbra é bom?*
  L2 – *Bom em que sentido?*
L1 – *Bom no sentido de ágil, eficiente e gabaritado.*

- Correção – No processo de construção do texto falado, a correção corresponde à necessidade de corrigir algo considerado errado aos olhos de um dos interlocutores.
Exemplo:

L1 – *Ela é professora de inglês. A irmã dele é professora de inglês.*
L2 – *Não! É professora de francês. De francês.*

Ao recorrer a atividades de formulação, o falante segue etapas do desenvolvimento de sua própria construção textual e/ou da construção textual do interlocutor.

As atividades de formulação do texto falado são facilmente percebidas, mas será que há atividades de formulação também quando se trata do texto escrito? Certamente. A diferença é que o texto escrito pode ser editado, eliminando-se repetições e fazendo-se correções, enquanto no texto falado as atividades permanecem como parte do registro.

(7.2) Relações entre fala e escrita

O que pode ser evidenciado após esse estudo da oralidade é que qualquer situação de produção oral ou escrita produz um evento comunicativo com características distintas para cada modalidade. São algumas condições básicas de produção que determinam as diferenças e/ou as semelhanças entre os tipos de texto produzidos.

Nesse sentido, o que importa é observar as demandas da oralidade e da escrita, sem permitir que se interfiram mutuamente, uma vez que cada uma tem sua peculiaridade. Observe o Quadro 7.1.

Quadro 7.1 – **Fala** versus *escrita*

Fala	Escrita
Interação face a face.	Interação a distância (espaçotemporal).
Planejamento simultâneo ou quase simultâneo à produção.	Planejamento anterior à produção.
Criação coletiva: administrada passo a passo.	Criação individual.
Impossibilidade de apagamento.	Possibilidade de revisão.
Sem condições de consulta a outros textos.	Livre consulta.
A reformulação pode ser promovida tanto pelo falante como pelo interlocutor.	A reformulação é promovida apenas pelo escritor.
Acesso imediato às reações do interlocutor.	Sem possibilidade de acesso imediato.
O falante pode processar o texto, redirecionando-o com base nas reações do interlocutor.	O escritor pode processar o texto com base nas possíveis reações do leitor.
O texto mostra todo o seu processo de criação.	O texto tende a esconder o seu processo de criação, mostrando apenas o resultado.

Fonte: Fávero; Andrade; Aquino, 2003, p. 74.

(7.3)

Retextualização: transformação do texto falado em texto escrito

Retextualização é a passagem do texto falado para o texto escrito, o que não se constitui em um processo mecânico, pois envolve operações que interferem no código e no sentido.

Não são poucos os eventos linguísticos cotidianos em que atividades de retextualização, reformulação, reescrita e transformação de textos estão envolvidas. Vejamos alguns exemplos:

- a secretária anota informações faladas pelo chefe e com elas redige um ofício;
- redação de uma carta relatando o que foi ouvido na vizinhança;
- explicações do professor transformadas em anotações do aluno.

É nessas situações corriqueiras que o texto é refeito de outro modo, em outra modalidade ou gênero. Embora bastante utilizadas, tais ações são até hoje pouco compreendidas e estudadas.

Não se trata de propor numa retextualização a passagem de um texto supostamente sem controle e confuso (referindo-se ao texto falado) para outro claro e bem estruturado (texto escrito). A passagem da fala para a escrita não é a passagem do caos para a ordem: é apenas a passagem de uma forma para outra, pois ambas permitem a construção de textos coesos e coerentes por meio da elaboração de raciocínios abstratos e exposições formais e informais, variações sociais e regionais.

Antes de qualquer transformação textual, ocorre uma atividade cognitiva chamada *compreensão*, pois, antes de começar o processo de retextualização, é necessário entender o que a outra pessoa disse ou calcular o que ela teve intenção de dizer e, somente após isso, proceder às alterações lexicais e estruturais necessárias. Propostas de atividades de retextualização são, portanto, empregadas também para trabalhar a compreensão das mensagens e não só com o objetivo de produzir textos.

Esse tipo de atividade com a língua é extremamente enriquecedor e comprova que a linguagem não é apenas um sistema de signos ou de regras, mas sim uma ATIVIDADE SOCIOINTERATIVA. O uso da língua tem um lugar de destaque e deve ser o principal objeto de nossa observação. A língua deve ser vista além da simples transmissão de informações, uma vez que é o fenômeno de natureza sociocultural que nos permite construir opiniões e expressá-las como agentes que, conscientemente, transformam a realidade.

Processos necessários para a passagem do texto falado para o escrito

- eliminação de marcas interacionais;
- mudança fonética para a modalidade escrita;
- inclusão de pontuação (vírgulas e pontuação dos períodos);
- eliminação de repetições, redundâncias, autocorreções;
- introdução de substituições de palavras ou expressões;
- introdução da paragrafação;
- reconstrução de estruturas truncadas, atenção à concordância, à reordenação sintática, ao encadeamento (coesão entre orações e períodos);
- tratamento estilístico com seleção de novas estruturas sintáticas e novas opções léxicas (reconstrução visando a uma maior formalidade);

- passagem do discurso direto para o indireto;
- agrupamento de argumentos (condensação de ideias).

Veja como foi retextualizada a transcrição a seguir, observando-se todas as etapas de transformação necessárias para a passagem de um texto falado para um texto escrito.

Transcrição 1

Qual é a sua opinião sobre os transportes em Porto Alegre?

bom u qui eu achu du:: du transporrte u qui eu achu dus ônnibus é qui:: us motorista sãu muitu dus ignorantis i maltratu muitu us velhinhus ((suspirou)) i as pessoa deficienti mintal i tem agora aquelis negóciu di carrterinha quandu elis pedi a carrterinha qui a genti nãu::... tem ... elis omilha bastanti na frenti di TODU mundu dentru dus ônnibus

E sobre o centro da cidade?

sobri ah Porrtalegri u centru di Porrtalegri eu achu assim qui u centru de Porrtalegri as pessoas éh::: sei lá ... tem muitus crianças ah... pedindu errmola muit::us vélhu::s ah pedindu errmola i:: muitas coisas assim extragada né? cumidas ex- tra-ga-da pelu centru comu verrdura otras coisa mais inveiz deli ajudá aquelas pissoas pobris elis nãu ajudu pefiru botá no lixu...

Retextualização 1

Josefa, servente de um edifício de Porto Alegre, explica que os motoristas de ônibus maltratam as pessoas da cidade, principalmente idosos, quando estes não apresentam a carteira a qual autoriza o passe livre.

O centro da cidade, diz ela, é percorrido por crianças e idosos que pedem esmola, mas, paradoxalmente, a comida é desperdiçada por aqueles que a colocam no lixo ao invés de se solidarizarem pelos necessitados.

A seguir, destacamos da transcrição e da retextualização apresentadas os processos envolvidos na passagem do texto falado para o texto escrito.

- ELIMINAÇÃO DE MARCAS INTERACIONAIS:
  - *bom*
  - *((suspirou))*
  - *assim*
  - *ah*
  - *né?*

- MUDANÇA FONÉTICA PARA A MODALIDADE ESCRITA:
  - *transporrte*
  - *ônnibus – ônibus*
  - *carrterinha – carteira*
  - *Porrtalegri – Porto Alegre*

- INCLUSÃO DE PONTUAÇÃO (VÍRGULAS E PONTUAÇÃO DOS PERÍODOS).

- RETIRADA DE REPETIÇÕES, REDUNDÂNCIAS, AUTOCORREÇÕES:
  - *u qui eu achu du:: du*
  - *u qui eu achu*
  - *u centru*
  - *pedindu*
  - *extragada*
  - *ex-tra-ga-da*
  - *centru*

- INTRODUÇÃO DE SUBSTITUIÇÕES DE PALAVRAS OU EXPRESSÕES:
  - *idosos*

- *esses*
- *a qual*
- *desperdiçada*
- *aqueles*
- *a colocam*

- INTRODUÇÃO DA PARAGRAFAÇÃO.

- RECONSTRUÇÃO DE ESTRUTURAS TRUNCADAS, CONCORDÂNCIA, REORDENAÇÃO SINTÁTICA, ENCADEAMENTO (COESÃO ENTRE AS ORAÇÕES E OS PERÍODOS):
  - *os motoristas*
  - *maltratam as pessoas da cidade*
  - *é percorrido por crianças e idosos que pedem esmola*

- TRATAMENTO ESTILÍSTICO COM SELEÇÃO DE NOVAS ESTRUTURAS SINTÁTICAS E NOVAS OPÇÕES LÉXICAS (RECONSTRUÇÃO VISANDO A UMA MAIOR FORMALIDADE):
  - *autoriza o passe livre*
  - *paradoxalmente*
  - *ao invés de se solidarizarem pelos necessitados*

- PASSAGEM DO DISCURSO DIRETO PARA O INDIRETO:
  - *Josefa, servente de um edifício de Porto Alegre, explica que*
  - *diz ela*

- AGRUPAMENTO DE ARGUMENTOS (CONDENSAÇÃO DE IDEIAS).

Aqui vai um outro exemplo para ilustrar o processo de transformação do texto falado para o escrito. Leia atentamente a Transcrição 2 e compare-a com a sua retextualização.

Transcrição 2

Em reportagem do dia 19.06.05, o jornal Zero Hora publica uma entrevista que Márcio Pinheiro fez ao jornalista Zuenir Ventura.
MP – Qual a sua lembrança de infância mais remota?
ZV – Era... uma:: pirigosa brincadeira que fazíamos em Ponte Nova, Minas, onde fui criado:: atravessar uma ponte:: ... poco antes de o trem passá.

MP – Qual a palavra mais bonita da Língua Portuguesa?
ZV – Saudade::... não só pela o-ri-gi-na-li-da-de... existe:: apenas na nossa língua:: como pela sonoridade, sem falar no sentido.

MP – Defina-se.
ZV – Eu::... sou...sou... ah ah... um humilde operário das letras.

Retextualização 2

Zuenir Ventura, jornalista, em entrevista, afirma que costumava brincar, quando criança, de atravessar uma ponte antes da passagem do trem, na cidade de Ponte Nova, Minas Gerais, sua cidade natal, sendo essa sua lembrança mais antiga da infância.
Quanto à palavra mais bonita da Língua Portuguesa, destaca "saudade", não só por existir apenas na nossa língua, mas também pelo significado e pela sonoridade. Termina a entrevista definindo-se como um humilde operário das letras.

Como você, leitor, pode perceber, a passagem do texto oral para o escrito constitui-se em organizar a escrita respeitando aspectos referentes à clareza, à objetividade, à elegância, à coesão e à coerência.

Indicação cultural

FLÔRES, O.; SILVA, M. R. *Da oralidade à escrita*: uma busca da mediação multicultural e plurilinguística. Canoas: Ed. da Ulbra, 2005.

Atividades

1. Leia a transcrição a seguir e assinale a alternativa em que a retextualização foi elaborada de acordo com os processos apresentados no capítulo, como: passagem do discurso direto para o indireto, eliminação de todas as marcas da oralidade, mudança de organização sintática, introdução de pontuação etc.:

Transcrição 1
Entrevista com o estudante de arquitetura Fernando, de 25 anos, natural de Porto Alegre.

L1 – EM SUA VIAGEM A PARIS, VOCÊ VISITOU O MUSEU DO LOUVRE?

L2 – Louvre... eu achu qui umas eu passei uma semana só em Paris mas eu fui umas quatro vezes ao Louvre... purque realmente o que gente vê no Louvre é indescritível.. é::: é aquilo o que a genti tá costumadu a ver em livros e:: álbuns sobre:: obras célebre... ( ) ter oportunidade de ver lá e::: e::: examiná ... dá assim uma sensação uma emoção até::: indescritível purque::.... é completamente é é indescritível... entendeu?... eu fui também a a ao Museu do Prado... fui algumas vezes no Museu do Prado em:: em:: em:: na capital da Espanha... lá em:: Madri... e:: na Itália também tive oportunidade de conhecê bonitos museu... principalmente em Florença...

a. Eu passei apenas uma semana em Paris, mas acho que fui umas quatro vezes ao Louvre porque realmente o que gente vê no Louvre é indescritível. É aquilo que a gente está acostumado a ver nos livros e álbuns: obras célebres. A gente tem a oportunidade de ver e examinar. É completamente indescritível. Eu fui também algumas vezes ao museu do Prado, em Madri, capital da Espanha, e na Itália tive a oportunidade de conhecer museus bonitos como em Florença.

b. O jovem estudante de arquitetura diz: "passei apenas uma semana em Paris, mas fui quatro vezes ao Louvre porque realmente o que se vê no lá é indescritível. É aquilo que estamos acostumado a ver nos livros e álbuns: obras célebres. A gente tem a oportunidade de ver e examinar. É completamente indescritível. Eu fui também algumas vezes ao museu do Prado, em Madri, capital da Espanha, e na Itália conheci museus bonitos como em Florença".

c. O jovem estudante de 25 anos relata que passou uma semana em Paris. Durante esse período, foi quatro vezes ao Louvre. O estudante de arquitetura contou que foi indescritível a experiência de ver e examinar obras célebres, que costumava ver somente em livros e álbuns. Ele lembra também que esteve na Espanha, onde visitou o museu do Prado e, na Itália, também teve a oportunidade de conhecer belos museus.

d. O jovem estudante de arquitetura conta que passou uma semana em Paris e que lá foi mais ou menos quatro vezes ao Louvre. Durante esse período foi quase quatro vezes ao Louvre. O estudante de arquitetura relata que é indescritível a sua experiência no Louvre. A experiência de ver e examinar obras célebres que costumava ver somente em livros e álbuns. O estudante conta que também esteve na Espanha, onde visitou bonitos museus como o museu do Prado e na Itália também teve a oportunidade de conhecer.

e. Eu acho que passei apenas uma semana em Paris, mas acho que fui umas quatro vezes ao Louvre porque realmente o que gente vê no Louvre é indescritível. É aquilo que a gente está acostumado a ver nos livros e álbuns: obras célebres. A gente tem a oportunidade de ver e examinar é indescritível. É completamente indescritível. Eu fui também algumas vezes ao museu do Prado, em Madri, capital da Espanha, e na Itália tive a oportunidade de conhecer museus bonitos como em Florença.

2. Faça o mesmo com a transcrição a seguir:

> *Transcrição 2*
> **Entrevista com Maria Luiza Dantas, auxiliar de escritório, 22 anos.**
>
> L1 – TU CONHECES A USINA DO GASÔMETRO EM PORTO ALEGRE?
>
> L2 – ah... eu... eu... bah até conheço:: assim assim:: ó eu conheço mais nunca fui lá (...) purque num tenho tempu di andá::: por aí dando banda pela cidade entendeu nesse anu eu queria i lá pra vê o qui é qui tem lá tipo... assim ó exposição de artesanato teatro essas coisa.

a. Eu conheço a usina do gasômetro, mas nunca fui lá porque não tenho tempo de andar pela cidade. Nesse ano eu queria ir lá para ver o que tem, tipo exposição de artesanato ou teatro.

b. Entrevistada sobre a Usina do Gasômetro, uma auxiliar de escritório de 22 anos disse: "Eu até conheço, mas nunca fui lá porque não tenho tempo de andar por aí dando banda pela cidade. Nesse ano eu queria ir lá para ver o que tem lá, tipo assim exposição artesanato, essas coisas."

c. Entrevistada sobre a Usina do Gasômetro, uma auxiliar de escritório conta que já ouviu falar no monumento, mas nunca foi até lá por falta de tempo. A jovem de 22 anos diz que, neste ano, gostaria de ir até lá para conhecer os tipos de eventos que acontecem no local.

d. A entrevistada Maria Luiza Dantas conta que nunca foi e que nem ouviu falar na usina do gasômetro. Disse que anda dando banda pela cidade nesse ano e que queria ir lá ver tipo assim uma exposição de teatro ou de artesanato.

e. Eu não conheço a usina do gasômetro, mas nunca fui lá porque não tenho tempo de andar pela cidade. Nesse ano eu queria ir lá para ver o que tem, tipo exposição de artesanato ou teatro.

3. Leia a transcrição a seguir e assinale a alternativa que contém a retextualização mais adequada, conforme os princípios estudados neste capítulo:

Entrevista com o senhor Júlio Moreira, porteiro de um prédio no centro de Porto Alegre.

L1 – O SENHOR CONCORDA COM A MUDANÇA DE LUGAR DO LAÇADOR?

L2 – euuu... olha:: não gostei... a genti já tava acostumadu:: com aquela estátua lá há anus sempre qui eu ia pra minha terra:: de féria... passava por ele o Laçador e adimirava aquele baita homi:: de pé bem no centro da entrada da cidade... era lindo... (...) mais agora tem que acustumá di novo né

a. Eu não gostei da mudança do Laçador. A gente estava acostumado com aquela estátua lá há anos. Sempre que eu ia pra minha terra de férias passava por ele, aquele baita homem de pé bem no centro da entrada da cidade. Era lindo, mas agora tem que acostumar de novo, né.

b. A gente estava acostumado com aquela do Laçador lá há anos. Eu não gostei da mudança do Laçador. Sempre que eu ia pra minha terra de férias passava por ele, aquele baita homem de pé bem no centro da entrada da cidade. Era lindo, mas agora já estou acostumado novo.

c. Em entrevista, o senhor Júlio Moreira disse: "Eu não gostei da mudança do Laçador. Eu estava acostumado com a estátua lá. Aquela baita estátua, aquele baita homem de pé, era lindo. Mas agora tem que acostumar sem a estátua lá."

d. O entrevistado, senhor Júlio Moreira, declara que não gostou da mudança de local da estátua do Laçador. O porteiro lembra que estava acostumado com ela durante anos naquele local, bem na entrada da cidade. Ao sair em viagem para sua terra natal, sempre a admirava. Porém, agora terá de acostumar-se à nova paisagem.

e. O entrevistado, senhor Júlio Moreira, diz que não gostou da mudança de local da estátua do Laçador. O porteiro lembra que estava acostumado com a estátua do Laçador, durante anos naquele local, bem na entrada da cidade. Ao sair em viagem para sua terra natal sempre admirava a estátua do Laçador. Porém, não irá acostumar-se à nova paisagem.

(8)

Resumo e resenha

Débora Mutter da Silva é mestre em Literatura Comparada e doutora em Estudos de Literatura Brasileira e Luso-Africana, ambos pela Universidade Federal do Rio Grande do Sul (UFRGS).

Afinal, é importante saber resumir?

Débora Mutter da Silva
Maria Alice Braga

O poder de síntese sempre foi considerado uma virtude, além de ser, em muitos casos, uma necessidade. Entretanto, na era da tecnologia da informação, sua utilidade se faz ainda mais visível. As inúmeras situações vivenciadas que necessitamos transmitir cabem somente em uma forma reduzida, ou melhor, resumida. Um determinado assunto ganha inúmeras versões e enfoques, dos quais tomamos conhecimento quase sem perceber, mesmo quando o buscamos durante uma pesquisa. Assim, é fundamental para as atividades intelectuais o perfeito domínio do resumo, da resenha e da recensão.

Essas três modalidades textuais são adequadas, cada uma ao seu modo, a diversas finalidades acadêmicas e/ou simplesmente expressivas. Podemos afirmar, com segurança, que todas elas são sínteses de conteúdos mais extensos, que se caracterizam por resguardar alto grau de fidelidade com o original a que se referem. Tais conteúdos podem ser livros, artigos, ensaios, filmes, peças teatrais, espetáculos e até mesmo uma obra de arte.

Ao abrir um jornal, ou uma revista científica ou de lazer, entramos em contato com formas textuais resumidas sem pensar que elas são o produto de um processo relativamente complexo.

Há um elo radical que as vincula ao resumo. É em razão disso que precisamos primeiro ter uma ideia clara sobre a noção de resumo, para, depois, a partir daí, considerar as derivações para as outras duas formas que nos interessam: a resenha e a recensão.

Hum... Muito interessante!
E o que é mesmo um resumo?

(8.1)

Resumo

Basicamente, um resumo é a apresentação abreviada do conteúdo de um texto, de um livro, de um filme, de uma peça teatral, de uma obra de arte ou, ainda, de um acontecimento real.

Na eventualidade de necessitarmos resumir um acontecimento que presenciamos ou do qual fomos protagonistas – circunstância prevista tanto no cotidiano como em depoimentos, em relatórios de trabalho –, adotamos uma postura de narrador do evento. Como nunca será possível relatar os fatos num espaço de tempo igual ao dos eventos, necessitamos do resumo. Seremos o narrador do evento na sua forma resumida. Com isso, precisamos também adotar uma postura com relação ao conteúdo resumido. Segundo Reis e Lopes (2000),

> *O resumo implica, da parte do narrador, um comportamento completamente distinto: acentuando a sua distância em relação aos eventos, o narrador opta por uma atitude redutora que, sendo favorecida pela omnisciência em princípio própria de tais situações e pelo fato de se referir a eventos passados que supostamente conhece, lhe permite selecionar os fatos que entende relevantes e abreviar os que julga menos importantes.*

Veja o exemplo a seguir.

No dia do casamento, Martham despertou por volta das 5h e fez o desjejum às 7h 30min. Até o horário do almoço, experimentou a roupa para a cerimônia duas vezes. Ficou um longo tempo diante do espelho observando aquele noivo com olhar de horizonte. Durante a tarde, atendeu ao telefone várias vezes. Em uma das chamadas, falou com o pai, na outra, com a noiva. Em ambas sorriu e gesticulou muito. Às 17h, estava impecável vestido de noivo. Dispensou o motorista. Disse que iria de moto. Às 18h e 50min o padre avisou aos familiares da noiva que não poderia mais esperar, pois a próxima cerimônia seria às 19h.

Observe que o período do acontecimento é de um dia inteiro e envolve várias ações observadas e reunidas na forma descritiva pelo autor, ou seja, o resumo de um dia inteiro na vida de um homem que está prestes a se casar. Porém, o relato acima, sendo um resumo da realidade, é também um texto passível de ser resumido.

Resumo de textos

Um texto já é por si mesmo a elaboração resumida de um conhecimento ou de uma reflexão sobre algo da realidade. Isso quer dizer que, quando resumimos um texto, precisamos respeitar o percurso realizado pelo autor, pois esse trajeto representa a sua forma de pensar e de entender a realidade à qual se refere.

Tecnicamente, o resumo é a exposição sucinta das IDEIAS PRINCIPAIS de um texto – e de seu autor –, sem a inclusão de juízos.

Como podemos deduzir, a escolha das ideias principais exige a seleção de aspectos principais por parte do autor do resumo. Assim, temos a segunda característica do resumo, ou seja, ele nunca é elaborado pelo próprio autor do original[a].

Para Cunha (2000, p. 137), "resumir não significa recortar frases ou partes de frases do texto original. Resumir é reescrever o texto com as próprias palavras, destacando o que realmente é essencial. Portanto, para resumir um texto é preciso compreendê-lo como um todo".

Segundo Martins e Zilperknop (2002), a Associação Brasileira de Normas Técnicas (ABNT), mediante a NBR 6028 (NB88), prevê dois tipos de resumo:

a. INDICATIVO: apresenta apenas os pontos principais do texto, sem dados qualitativos ou quantitativos. É comum em catálogos de editoras e bibliotecas ou em fichas de pesquisa.

b. INFORMATIVO OU CRÍTICO: informa o leitor de forma mais global sobre o texto original. É frequente em comentários para estudos acadêmicos e resenhas críticas de revistas e jornais.

Para ambos os modelos, a técnica de resumir é a mesma, o que muda é a forma na exposição do resultado. Leia agora um texto que nos servirá de exemplo.

---

a. As espécies de resumos elaborados pelo próprio autor são de outra natureza e suas formas privilegiadas são o *abstract* (redigido em língua estrangeira, atende a exigências de trabalhos científicos, como monografias, dissertações e teses) e a sinopse (apresentação concisa que acompanha um texto, redigida pelo próprio autor ou pelo editor). Ambos procuram enfatizar aspectos importantes do conteúdo.

Casca de banana

Está para nascer o sujeito que consegue se olhar no espelho e admitir: "Sou um mala". O doloroso diagnóstico da própria inconveniência, além de uma boa dose de autocrítica, exige o complexo exercício de olhar-se de fora e imaginar o impacto das próprias ações sobre os outros.

Com conceitos mais sofisticados, mas relativamente subjetivos, como ética, acontece mais ou menos a mesma coisa. Ninguém – espera-se – chega em uma roda de amigos e confessa: "Cuido de mim, e o resto que se vire". Mas o "cuido de mim", todo mundo sabe, é mais a regra do que a exceção.

Uma dessas exceções que esfregam a regra na nossa cara ganhou destaque esta semana. A história é parecida com outras tantas que a gente lê no jornal de vez em quando: sujeito pobre, o ex-vigilante Márcio José Ramos encontra em um campo de golfe um pacote de dinheiro, US$ 6 mil, e devolve ao dono. Ano passado, um faxineiro do aeroporto de Brasília que encontrou US$ 10 mil e os devolveu foi recebido como herói pelo presidente Lula no Palácio do Planalto. O Márcio ainda não foi chamado a Brasília, mas também está sendo tratado como herói pela comunidade: ganhou curso profissionalizante, um ano de gás de cozinha, bônus em compras, emprego para a mulher e até uma casa para a família.

Parece bem óbvia a mensagem por trás desta glorificação do gesto de honestidade: reforça-se positivamente, com prêmios e até elogios do presidente da República, o comportamento que se deseja incentivar. O curioso nessas fábulas morais que aparecem nos jornais é que o herói é sempre o pobre, o desempregado, aquele sujeito que, intimamente, nos parece compreensível que pegue o dinheiro do jogador de golfe ou do turista estrangeiro.

Mas, como bem nos lembrou o deputado recém-eleito Clodovil, todo homem tem seu preço – nós também. Talvez seja um pouco mais do que um ano de gás de cozinha, é verdade, ou pode, inclusive, não ter nada a ver com dinheiro. O ponto é que somos expostos a decisões morais o tempo todo. [...] Ética não é uma palavra bonita para usar em tempo de eleição contra os políticos que a gente não gosta. Ética reafirma-se periodicamente diante de situações cotidianas imprevistas.

Como lembrou o juiz Leoberto Brancher em uma entrevista esta semana, hoje em dia não se ensina mais as crianças a juntar a casca de banana para que outro não escorregue. Talvez estejamos chegando ao ponto em que juntar a casca de banana no chão mereça medalha de honra ao mérito.

Fonte: Laitano, 2006.

Observe agora as etapas para a realização do resumo:

1° Realizamos uma detida leitura, identificando o tema e o objetivo geral do artigo:

Tema: a ética e a honestidade.
Objetivo: mostrar que ambas são virtudes cada vez mais raras no ser humano.

2° Identificamos a ideia principal de cada parágrafo como segue:

1

<u>Está para nascer o sujeito que consegue se olhar no espelho e admitir: "Sou um mala"</u>. O doloroso diagnóstico da própria inconveniência, além de uma boa dose de autocrítica, exige o complexo exercício de olhar-se de fora e imaginar o impacto das próprias ações sobre os outros.
[É difícil fazermos autocríticas.]

2

Com conceitos mais sofisticados, mas relativamente subjetivos, como ética, acontece mais ou menos a mesma coisa. Ninguém – espera-se – chega em uma roda de amigos e confessa: "Cuido de mim, e o resto que se vire". Mas o <u>"cuido de mim", todo mundo sabe, é mais a regra do que a exceção.</u>

[Ninguém confessa publicamente seus defeitos éticos e morais, embora seja a regra.]

3

Uma dessas exceções que esfregam a regra na nossa cara ganhou destaque esta semana. A história é parecida com outras tantas que a gente lê no jornal de vez em quando: sujeito pobre, <u>o ex-vigilante</u> Márcio José Ramos encontra em um campo de golfe um pacote de dinheiro, US$ 6 mil, e devolve ao dono. Ano passado, <u>um faxineiro</u> do aeroporto de Brasília que encontrou US$ 10 mil e os <u>devolveu foi recebido como herói pelo presidente</u> Lula no Palácio do Planalto. O Márcio ainda não foi chamado a Brasília, mas também está sendo tratado como herói pela comunidade: ganhou curso profissionalizante, um ano de gás de cozinha, bônus em compras, emprego para a mulher e até uma casa para a família.

[Há exceções, e dois episódios recentes de honestidade – devolução de dinheiro perdido, encontrado e devolvido ao dono – foram premiados pelas autoridades.]

4

Parece bem óbvia <u>a mensagem por trás desta glorificação do gesto de honestidade</u>: reforça-se positivamente, com prêmios e até elogios do presidente da República, <u>o comportamento que se deseja incentivar.</u> O curioso nessas fábulas morais que aparecem nos jornais é que o herói é sempre o pobre, o desempregado, aquele sujeito que, intimamente, nos parece compreensível que pegue o dinheiro do jogador de golfe ou do turista estrangeiro.

[A elevação dos protagonistas ao nível de heróis nacionais tem um certo didatismo.]

5

Mas, como bem nos lembrou o deputado recém-eleito Clodovil, todo homem tem seu preço – nós também. Talvez seja um pouco mais do que um ano de gás de cozinha, é verdade, ou pode, inclusive, não ter nada a ver com dinheiro. O ponto é que somos expostos a decisões morais o tempo todo. E quem não se pergunta, cotidianamente, se está sendo justo e correto está fadado a atropelar a ética – no prédio onde mora, no trânsito, no escritório. Ética não é uma palavra bonita para usar em tempo de eleição contra os políticos que a gente não gosta. Ética reafirma-se periodicamente diante de situações cotidianas imprevistas.

[Todos nós, se não estivermos continuamente nos questionando sobre nosso comportamento, estaremos sujeitos a atropelar a ética.]

6

Como lembrou o juiz Leoberto Brancher em uma entrevista esta semana, hoje em dia não se ensina mais as crianças a juntar a casca de banana para que outro não escorregue. Talvez estejamos chegando ao ponto em que juntar a casca de banana no chão mereça medalha de honra ao mérito.

[Estamos piorando e poderemos chegar ao ponto em que juntar casca de banana mereça medalha de honra ao mérito.]

3º Tomamos as ideias principais de cada parágrafo e as articulamos num texto coeso e coerente:

1. É difícil fazermos autocríticas.
2. Ninguém confessa publicamente seus defeitos éticos e morais, embora seja a regra.
3. Há exceções, e dois episódios recentes de honestidade – devolução de dinheiro perdido, encontrado e devolvido ao dono – foram premiados pelas autoridades.

4. A elevação dos protagonistas ao nível de heróis nacionais tem um certo didatismo.
5. Todos nós, se não estivermos continuamente nos questionando sobre nosso comportamento, estaremos sujeitos a atropelar a ética.
6. Estamos piorando e poderemos chegar ao ponto em que juntar casca de banana mereça medalha de honra ao mérito.

Depois de observadas essas três etapas, veja como seria um RESUMO INDICATIVO do texto *Casca de banana*.

Cláudia Laitano, no artigo "Casca de banana", afirma que é difícil fazermos autocríticas. Embora seja a regra, ninguém confessa publicamente seus defeitos morais. Por isso, todos nós precisamos nos questionar continuamente sobre nosso comportamento ético. Contudo, parece que a situação geral tem piorado. (Estatística: 36 palavras)

Veja agora como se configuraria um RESUMO INFORMATIVO do mesmo texto.

Cláudia Laitano, no artigo "Casca de banana", afirma que é difícil fazermos autocríticas. Embora seja a regra, ninguém confessa publicamente seus defeitos morais. Dois episódios de honestidade – devolução de dinheiro perdido, encontrado e devolvido ao dono – foram premiados pelas autoridades. É possível constatar que a elevação dos protagonistas ao nível de heróis nacionais tem um cunho didático. A verdade é que todos nós, se não estivermos continuamente nos questionando sobre nosso comportamento, estamos sujeitos a atropelar a ética. Entretanto, parece que a situação geral tem piorado, e talvez estejamos chegando ao ponto em que juntar casca de banana mereça medalha de honra ao mérito. (Estatística: 93 palavras)

Características gerais do resumo

Todo resumo deve informar as referências bibliográficas do texto original (autor, título, editora, ano).

Quanto à estrutura, o resumo deve apresentar introdução, desenvolvimento e conclusão. Vale dizer, deve ter autonomia, podendo ser entendido na sua essência com relação ao conteúdo do original.

Quanto à extensão, recomendamos que seja proporcional ao texto que o originou. Para notas, artigos breves ou comunicações, pode ter até 100 palavras; para monografias e artigos científicos, pode ter até 250 palavras; para relatórios, teses e livros, pode ter até 500 palavras.

Agora que já estudamos sobre resumo, vejamos o que é uma resenha.

(8.2)

Resenha[b]

É uma apreciação subjetiva sobre um texto, um objeto, uma peça teatral, um filme, um disco etc. Ao elaborá-la, é necessário dar atenção à temática, à mensagem e ao objetivo da resenha. Devido à sua característica descritiva e subjetiva, é preciso cuidar para não torná-la por demais longa e exaustiva. É importante ter em mente o público e a finalidade da resenha, que pode ser DESCRITIVA OU CRÍTICA. Somente na resenha crítica o resenhador fará apreciações, julgamentos, comentários e juízos sobre o assunto.

Recomendamos que, ao resenhar um texto, o leitor proceda com o texto-base da mesma forma como deve proceder num resumo. Resenha é, então, um texto que, além de resumir o objeto, faz uma avaliação sobre ele, uma crítica, apontando os aspectos positivos e negativos. Trata-se, portanto, de um texto de informação e de opinião, também denominado de *recensão crítica*.

E quais os objetivos de uma resenha?

---

b. Resenha: do latim *resignare*, "lançar um rol, tomar nota"; em inglês, *review*. Designa todo escrito destinado a informar acerca do conteúdo de uma obra. Via de regra publicada em jornal, não dispensa o julgamento crítico, ainda que implícito ou em plano secundário. Breve e informativa, traduz as reações imediatas do autor.

O objetivo da resenha é divulgar objetos de consumo cultural – livros, filmes, peças de teatro etc. Por isso, a resenha é um texto de caráter efêmero, pois "envelhece" rapidamente, muito mais que outros textos de natureza opinativa.

Quais as partes que compõem uma resenha? A resenha é composta por:

- título;
- referência bibliográfica da obra;
- dados bibliográficos do autor da obra resenhada;
- resumo, ou síntese do conteúdo;
- avaliação crítica.

Agora, observe a resenha de Gilberto Scarton sobre o livro *Língua e liberdade: por uma nova concepção da língua materna e seu ensino*.

Um gramático contra a gramática

"Língua e Liberdade: por uma nova concepção da língua materna e seu ensino" (L&PM, 1995, 112 páginas), do gramático Celso Pedro Luft, traz um conjunto de ideias que subverte a ordem estabelecida no ensino da língua materna, por combater, veemente, o ensino da gramática em sala de aula.

Nos seis pequenos capítulos que integram a obra, o gramático bate, intencionalmente, sempre na mesma tecla – uma variação sobre o mesmo tema: a maneira tradicional e errada de ensinar a língua materna, as noções falsas de língua e gramática, a obsessão gramaticalista, inutilidade do ensino da teoria gramatical, a visão distorcida de que se ensinar a língua é se ensinar a escrever certo, o esquecimento a que se relega a prática linguística, a postura prescritiva, purista e alienada – tão comum nas "aulas de português".

> *O velho pesquisador apaixonado pelos problemas da língua, teórico de espírito lúcido e de larga formação linguística e professor de longa experiência leva o leitor a discernir com rigor gramática e comunicação: gramática natural e gramática artificial; gramática tradicional e linguística; o relativismo e o absolutismo gramatical; o saber dos falantes e o saber dos gramáticos, dos linguistas, dos professores; o ensino útil, do ensino inútil; o essencial, do irrelevante.*
>
> *[...]*
>
> *Embora "Língua e Liberdade", do professor Celso Pedro Luft, não seja tão original quanto pareça ser para o grande público (pois as mesmas concepções aparecem em muitos teóricos ao longo da história), tem o mérito de reunir, numa mesma obra, convincente fundamentação que lhe sustenta a tese e atenua o choque que os leitores – vítimas do ensino tradicional – e os professores de português – teóricos, gramatiqueiros, puristas – têm ao se depararem com uma obra de um autor de gramáticas que escreve contra a gramática na sala de aula.*
>
> Fonte: Scarton, 2011.

Podemos perceber, pelas palavras do resenhista, o professor de Língua Portuguesa Gilberto Scarton, que o autor da obra focalizada, Celso Pedro Luft, destaca um conjunto de ideias que subverte a ordem estabelecida no ensino da língua materna, por combater veementemente o ensino da gramática em sala de aula.

Leia agora a resenha de Marcelo Perrone sobre o filme brasileiro *Nome próprio*.

Escrever para viver

Poucos filmes brasileiros ganharam tanto destaque no Estado nos últimos anos quanto "Nome Próprio", de Murilo Salles, filme vencedor do Festival de Gramado. Seja pela participação da escritora gaúcha Clarah Averbuck no projeto do diretor Murilo Salles, pela impressionante atuação de Leandra Leal, pela polêmica estratégia de lançamento do filme, a disputa e a surpreendente vitória no Festival de Gramado.

O roteiro de Nome Próprio é inspirado em textos da escritora gaúcha Clarah Averbuck, publicados nos livros "Máquina de Pinball" e "Vida de Gato", além de relatos dela em seus blogs.

Realizado em vídeo digital e com orçamento modesto, Nome Próprio é a imersão de Salles em um universo que, segundo ele, ainda não tem sua importância reconhecida pelo cinema brasileiro. A geração que se relaciona e conhece o mundo pela internet – não se pode ignorar fatos como o Brasil ter o maior número de usuários do Orkut no mundo.

Diante da proposta, o caminho de Salles inevitavelmente cruzou com o de Clarah, escritora pioneira no uso da internet no Brasil para divulgar seus textos. A partir de relatos confessionais da autora em blogs e também em livros, o diretor apresenta como protagonista Camila (Leandra), jovem que chega a São Paulo aspirando ser escritora e se lança em uma ciranda de excessos – amorosos, emocionais e etílicos –, transformando essa intensidade autodestrutiva, e algo amoral, em um constante fluxo narrativo no teclado de seu computador. Camila não sabe se escreve para viver ou vive para escrever.

É um filme moderno, urbano, que vai contra a imagem que as curadorias estrangeiras têm do Brasil. Elas apreciam mais temas *como miséria e violência. Temos de fugir desse coitadismo no cinema brasileiro.*

FONTE: PERRONE, 2008.

Em tom descritivo, o crítico inicia informando o leitor sobre a *performance* e a recepção do filme no festival de cinema de Gramado. Na sequência, apresenta a temática, sua origem e um breve resumo. No quinto parágrafo, ele faz uma discreta apreciação crítica, quando comenta o choque da proposta com as expectativas temáticas que as curadorias estrangeiras têm baseadas na imagem que possuem do Brasil.

A seguir, outro exemplo ilustra esta modalidade de escrita: a resenha. Leia um fragmento da resenha crítica de Fernando Mascarello[c] sobre o longa *Cão sem dono*, dos paulistas Beto Brant e Renato Ciasca, com várias locações na cidade de Porto Alegre.

Opções narrativas e relação com a identidade local ajudam a explicar o impacto do filme *Cão sem dono*.

Porto Alegre nua e crua

[...]
O impacto de "Cão sem Dono" sobre o cinema local poderá ser admitido menos ou mais explicitamente por nossos realizadores, mas já é um fato. Ele decorre, a meu ver, de três atributos centrais do filme. Primeiramente, dentre as obras em 35mm já produzidas no Estado, é a que oportuniza ao espectador nativo a relação cinematográfica mais densa e fecunda com a identidade cultural porto-alegrense. Em

---

c. Fernando Mascarello é doutor em Cinema pela Universidade de São Paulo, coordenador do curso de especialização em Cinema da Universidade do Vale do Rio dos Sinos (Unisinos) e organizador do livro *História do cinema mundial*.

segundo lugar, a metodologia de produção implementada por Brant e Ciasca subverte frontalmente a cultivada pelo longa-metragem gaúcho do período pós-Collor, ao deslocar as prioridades desde os aspectos produtivos para os artísticos, com a obtenção de resultados de modo geral bastante superiores. A terceira estimulante qualidade de "Cão sem Dono", por fim, é sua franca adesão ao formato do cinema de arte, recuperando uma vertente de há muito preterida pelos cineastas locais, tão bem ensaiada na fase superoitista de "Deu Pra Ti Anos 70" (Nelson Nadotti e Giba Assis Brasil, 1981). Esse conjunto de elementos, penso eu, poderia induzir o cinema gaúcho a repensar seu atual quadro de impasse estético e mercadológico, evidente no naufrágio de crítica e público de filmes como "Noite de São João" (Sérgio Silva, 2003), "Sal de Prata" (Gerbase, 2005) e "Diário de um Novo Mundo" (Paulo Nascimento, 2005).

Uma breve análise de cada um dos atributos citados de "Cão sem Dono" pode sugerir pontos a serem enfrentados nesse autoquestionamento. Comecemos pela relação do espectador de Porto Alegre com a cultura local reconstruída na tela: de uma intensidade nunca antes vista, ela é fruto de aspectos tanto da esfera do conteúdo quanto da forma do filme. Por um lado, se é verdade que o campo temático da obra – os efeitos do romance entre os jovens Ciro e Marcela (Júlio Andrade e Tainá Müller) sobre o desapego existencial do primeiro – situa-se em terreno universal, próprio de uma geração de classe média pós-industrial e transnacional, observe-se que os personagens vivenciam seu drama nitidamente influenciados por um contexto cultural local que lhes fornece cor e substrato.

[...]

Concluindo, gostaria de ressaltar: não postulo, sequer insinuo, que o cinema gaúcho deva, em regime permanente, tematizar a cultura e a identidade locais, dispensar valores de produção e qualidade técnica em prol da criação ou transportar-se ao domínio do filme de arte. Antes, refletir sobre esses pontos me parece um caminho nada desprezível – em muito facilitado pela aparição de "Cão sem Dono". Romantizando, quisera o cenário político-cultural franqueasse a manifestação das mais diferentes tendências estéticas em nosso cinema. Entre outras diversidades, seria bem-vinda a multiplicidade de abordagens ao tema da identidade local – afirmativas, renovadoras e contestatórias –, em oposição aos projetos dirigistas ou hegemônicos de cunho regionalista, antilocalista etc. Se uma fórmula cultural deve ser buscada, certamente é a pluralista.

FONTE: MASCARELLO, 2005.

Trata-se de um relato claro e bem cuidado sobre o filme *Cão sem dono*. O crítico analisa toda a produção cinematográfica, desde o roteiro até as locações, passando pela atuação dos atores e do diretor. Ele refere que o longa dá uma visibilidade esporádica, mas intensa de nosso cenário urbano, exibindo um caráter realista poucas vezes alcançado no cinema brasileiro. Mostra que a produção valoriza as marcas identitárias porto-alegrenses articuladas no filme, sem incidir em qualquer tipo de regionalismo.

Observação

RECENSÃO (palavra derivada do latim *recensione* = "revisão") designa o exame completo dos vários manuscritos de uma obra (data, variantes, rasuras etc.), no sentido de estabelecer, por comparação, o texto original. Constituída de apreciações breves resultantes da comparação entre, pelo menos, duas obras, a recensão é muito usada em pesquisas acadêmicas. Nesses casos, a relação entre as obras entre as obras justifica-se em torno de um mesmo assunto. A recensão distingue-se da resenha pela maior extensão, por uma relativa objetividade no exame dos problemas e pelo suporte documental: minuciosa, analítica, pressupõe um rigor que apenas tem guarida nas dimensões de uma revista. Não raro, certas recensões tornam-se artigos ou ensaios importantes, tanto quanto as obras analisadas.

Indicações culturais

COMO água para chocolate. Direção: Alfonso Arau. México: Miramax Films, 1992. 105 min.

Uma bela história sobre a persistência do amor verdadeiro e de suas inusitadas manifestações.

SCLIAR, M. *A mulher que escreveu a Bíblia*. São Paulo: Companhia das Letras, 2003.

Misto de narrativa de aventura e sátira de costumes, a obra faz parte daquela seleta categoria dos livros que é impossível parar de ler.

Vamos exercitar nossos conhecimentos?

Atividades

1. Assista ao filme *Fale com ela*, do diretor espanhol Pedro Almodóvar – um verdadeiro depoimento sobre a importância do amor por meio da palavra na vida do ser humano – e escreva uma resenha com base no estudo do capítulo.

2. Depois do filme, é a vez do livro. Se você resenhou um filme, certamente saberá resenhar uma obra. Leia o livro *As virtudes da casa*, do escritor Luiz Antonio de Assis Brasil, e faça uma resenha.

3. Leia o texto a seguir e faça um resumo informativo ou crítico:

> *Ensina-me a ler*
>
> Leitura e juventude não precisam ser antagônicas. Ao contrário, os anos de formação são os de maior absorção de referências culturais, é quando elas são mais marcantes e tem-se tempo e impulso de beber em grandes goles. Pena que essa gana de viver dos adolescentes encontre-se, via de regra, tão distante dessa fonte. Exceções à parte, no melhor dos casos, eles têm acesso ao cinema, às músicas mais complexas, aos programas de TV menos *trash*. No pior, satisfazem-se com uma vida medíocre de diz que diz, fica não fica, vai não vai, num mundo simbólico da dimensão de um bairro.
>
> Por uma via avessa, ao se prepararem para o vestibular, muitos jovens veem-se obrigados a prestar atenção nas aulas de literatura. A cada tanto, uma lista de títulos de leituras obrigatórias é divulgada. Como fazer para que a lista não provoque apenas uma corrida ao Google, em

busca de resumos e macetes? É aqui que entram os professores de cursos pré-vestibulares. O professor de cursinho vive num difícil equilíbrio: entre o espetáculo e a seriedade, do exercício da autoridade sem autoritarismo e, principalmente, da capacidade de conectar-se com uma nova geração sem renegar a própria.

Esses mestres, artistas do entusiasmo, aproveitam-se dessa enviesada oportunidade de atenção e tentam aproximar da literatura milhares de jovens enfastiados. Em vez de resumos e dicas, eles revestem essa lista de vida, dando a Eça, Machado, Camões, e muitos outros, um novo brilho, estabelecendo pontes com as novas gerações.

Fonte: Corso, 2007.

4. Assinale a alternativa correta. Podemos definir RESUMO como:
   a. apresentação abreviada do conteúdo de um texto (livro, filme, peça teatral, qualquer obra de arte) ou até mesmo de um acontecimento real.
   b. apresentação na íntegra de textos em geral.
   c. cópia fiel de textos, filmes, peças de teatro ou qualquer outra obra de arte.
   d. paráfrase de qualquer texto ou obra de arte.
   e. Nenhuma das alternativas anteriores.

5. Marque a alternativa que corresponde às definições adequadas:
   a. Resenha é um texto que, além de resumir o objeto, faz uma avaliação sobre ele, apontando os aspectos positivos e negativos. Já resumo é a reescrita de um texto ou qualquer obra de arte.
   b. Resenha é o mesmo que resumo.
   c. Resenha é um texto que, além de resumir o objeto, faz

uma avaliação sobre ele, apontando os aspectos positivos e negativos. Trata-se de um texto de informação e de opinião. Resumo, por sua vez, constitui-se na apresentação abreviada de um texto ou de uma obra de arte.
d. Resumo é um texto opinativo, enquanto resenha é a condensação das ideias de um texto ou obra de arte.
e. Todas as definições acima estão corretas.

(9)

Concordâncias
verbal e nominal

Daniela Duarte Ilhesca
Maria Alice Braga

(9.1)
Concordância verbal

Observe a ilustração a seguir.

Na charge apresentada, na oração *"Admite-se faxineiros c/ experiência"*, percebemos que há um problema gramatical, pois o verbo *admitir* está no singular, contrariando uma regra fundamental da concordância verbal. O substantivo *faxineiros*, relacionado ao verbo *admitir* (é o seu sujeito), está no plural, o que torna inadequada na frase a concordância com esse verbo. De acordo com a norma padrão, o correto seria utilizarmos nessa oração *admitem-se*.

É usual escutarmos as pessoas, ao nosso redor, falando: "Falta lugares", "Vende-se terrenos", "Chegou as encomendas". Esses são erros comuns na fala, mas que atrapalham a fluência do texto na escrita. A identificação do sujeito no texto é premissa básica para a adequação do verbo ao contexto textual, deixando-o no singular ou no plural. Para encontrar o sujeito, perguntamos ao verbo: *que* ou *quem é que?*

Além disso, caso não haja sujeito na frase, isto é, se não conseguirmos responder a essa pergunta, o verbo fica subordinado a outros casos especiais de concordância, como veremos mais adiante.

Observe o texto *Bonecas do mundo*, que apresenta vários exemplos de concordância verbal bem empregada. Os **verbos** estão destacados **em negrito**, e os respectivos sujeitos estão sublinhados, o que permite identificar mais claramente a correta correlação entre ambos.

Bonecas do mundo

O porto-alegrense Paulo Gick, 59 anos, sempre **gostou** da diversidade dos povos. Um dia, na década de 60, **achou** que não **precisava** visitar todos os países para conhecer a cultura de cada um. De uma maneira inusitada e divertida, **deu** um jeito na sua curiosidade: **passou** a colecionar bonecas.

Pela primeira vez, *elas* **estão** acessíveis ao público. A exposição "Bonecas do Mundo: folclore e tradição dos cinco continentes" **pode** ser conferida no Museu de Venâncio Aires, no Vale do Rio Pardo, onde **estão** 238 peças de cerca de 60 países.

Com a coleção, Gick **conseguiu** ir além do conhecimento adquirido em viagens de estudo ou livros de pesquisa. Com o primeiro salário, **comprou** uma peça.

Fonte: Frantz, 2007.

No texto escrito, com o sujeito no singular ou no plural, anteposto ou posposto ao verbo, fica muito mais fácil identificá-lo e fazer a concordância verbal adequada. Porém, seja como for, ao usarmos a linguagem padrão, é fundamental o estabelecimento da concordância de acordo com as regras da gramática normativa. No Quadro 9.1, transcrevemos os sujeitos e os verbos do texto *Bonecas do mundo*, para melhor visualização.

Quadro 9.1 – Relação de sujeito e verbo

Sujeito	Verbo
o porto-alegrense Paulo Gick	gostou, achou, precisava, deu, passou
elas (bonecas)	estão
a exposição *Bonecas do Mundo: folclore e tradição dos cinco continentes*	pode
238 peças de cerca de 60 países	estão
Gick	conseguiu, comprou

A partir de agora, vamos conhecer um pouco mais sobre as outras regras de concordância verbal.

Lembrete:

A REGRA GERAL de concordância verbal estabelece que o verbo concorda com o sujeito em número e pessoa.

Exemplos:
A menina e o menino **chegaram** *atrasados na escola.*
Tu **estás** *atrasado.*

Quadro 9.2 – Regra geral de concordância verbal

REGRA	SITUAÇÃO DO VERBO	EXEMPLOS
1. Sujeito composto e anteposto ao verbo.	Verbo fica no PLURAL.	*O menino e a menina brincavam no playground.*
2. Sujeito composto e posposto ao verbo.	Pode haver dupla concordância: a. Singular (com o primeiro elemento). b. Plural (com todos os elementos).	a. **Chegou** *a menina e o menino.* b. **Chegaram** *a menina e o menino.*
3. Sujeito coletivo.	Verbo fica no SINGULAR.	*A turma* **gritava** *na rua.*
4. Sujeito coletivo determinado.	a) Verbo no SINGULAR (concordando com o coletivo). b) Verbo no PLURAL (coletivo acompanhado de substantivo no plural).	a) *A turma de estudantes* **gritava** *no prédio.* b) *A turma de estudantes* **gritavam** *no prédio.*
5. Sujeito representado pelo pronome *que*.	Verbo concorda em número e pessoa com o ANTECEDENTE DO PRONOME RELATIVO.	*Foram os moradores que* **reclamaram** *das crianças.*

(continua)

(Quadro 9.2 – continuação)

Regra	Situação do verbo	Exemplos
6. Sujeito representado pelo pronome *quem*.	Verbo concorda na 3ª PESSOA DO SINGULAR (concordância mais rigorosa). *Forma menos usual.	*Foram os moradores <u>quem</u> reclamou das crianças.* **Foram os moradores <u>quem</u> reclamaram das crianças.*
7. Sujeito resumido por um pronome indefinido (*tudo, nada, ninguém* etc.).	Verbo no SINGULAR.	*Gritos, risadas, brincadeiras, <u>tudo</u> **irritava** os vizinhos.*
8. Sujeito composto com pronomes pessoais de pessoas diferentes.	O verbo vai para o PLURAL e concorda com a menor pessoa.	<u>*As crianças e eu*</u> ***brigamos*** *com as vizinhas.* <u>*As crianças e tu*</u> ***brigaram*** *com as vizinhas.*
9. Sujeito representado por um pronome de tratamento.	Verbo na 3ª PESSOA DO SINGULAR.	<u>*Vossa Eminência*</u> ***participará*** *da festa?*
10. Verbo *haver* (impessoal).	Verbo *haver* indicando existência: 3ª PESSOA DO SINGULAR. *Em uma locução verbal com o verbo *haver*, o auxiliar assume as características da impessoalidade (3ª pessoa do singular). O verbo *existir* aceita o PLURAL.	***Há*** *(existir) muitas crianças na rua.* ***** Deve haver*** *muitas crianças na rua.* ***Existem*** <u>*crianças*</u> *na rua.*

(Quadro 9.2 – conclusão)

Regra	Situação do verbo	Exemplos
11. Verbo *fazer* (impessoal) – indicando tempo decorrido ou fenômeno da natureza.	Verbo na 3ª PESSOA DO SINGULAR. * Em uma LOCUÇÃO VERBAL com o verbo *fazer*, o auxiliar assume as características da impessoalidade (3ª pessoa do singular).	*Faz muitos anos que moramos no prédio.* *Faz verões terríveis aqui no prédio.* * *Deve fazer muitos anos que moramos no prédio.*
12. Verbos *dar, bater, soar*.	Quando o sujeito não está anteposto, os verbos concordam com o NÚMERO QUE INDICA AS HORAS.	*Deram quatro horas.* ou *O relógio (sujeito) deu 4 horas.*
13. Verbo *ser*.	O verbo *ser* concorda COM O PREDICATIVO: a) quando o SUJEITO for NOME DE COISA; b) quando o SUJEITO for formado por uma PALAVRA OU EXPRESSÃO DE SENTIDO COLETIVO; c) quando o PREDICATIVO for um PRONOME PESSOAL.	a) *O complicado são os problemas.* b) *A maioria eram universitários.* c) *O problema somos nós.*
14. Verbo *ser* – sujeito representado por *tudo, isso, isto* ou *aquilo*.	O verbo *ser* concorda, por atração, com o PREDICATIVO.	*Tudo são preocupações.* *Aquilo eram situações inconvenientes.*
15. Voz passiva.	Quando o verbo vier acompanhado pela partícula *se*, terá sujeito expresso na oração e, portanto, concordará COM O SUJEITO.	*Alugam-se casas de veraneio.* *Casas de veraneio são alugadas.* *Vendem-se roupas usadas.* *Roupas usadas são vendidas.*

(9.2)
Concordância nominal

Leia o diálogo a seguir.

PEDRO: *Percebi que há novas garotas na escola.*
JOÃO: *Vamos torcer para que elas sejam muito bonitas e simpáticas.*
PEDRO: *Espere até elas me conhecerem, vão ficar alucinadas, pois sou o maior gato da escola.*
JOÃO: *Uma delas vem se aproximando!!!! Vamos conferir???*
ANA: *Oi! Sou a Ana! E você?*
PEDRO: *Estou com muita pressa!!! Não posso perder minha carona...*

Como você pode notar, no diálogo acima, a fala entre o personagem Pedro e seu amigo João é constituída de uma linguagem clara e direta, proporcionando ao leitor imediata compreensão da mensagem que está sendo repassada. Embora seja um diálogo de fácil entendimento, há pressupostos que não foram esquecidos, como a concordância entre os termos dentro da frase. Veja:

Na primeira fala, Pedro diz:

Percebi que há novas garotas na escola.

Nessa oração, as palavras sublinhadas mostram que existe uma relação entre elas: há uma concordância entre o adjetivo *novas* e o substantivo *garotas*. Isso significa que as palavras, no texto, assumem posições e relações de concordância. Nesse caso específico, observarmos a concordância entre os nomes, isto é, a CONCORDÂNCIA NOMINAL. Sob essa perspectiva, vamos montar um quadro para melhor visualização dos elementos que devem concordar entre si:

Quadro 9.3 – Concordância nominal de "novas" e "garotas"

NOVAS	GAROTAS
adjtivo, feminino, plural	substantivo, feminino, plural

Na segunda fala de Pedro, destacamos os seguintes elementos:

Espere até elas me conhecerem, vão ficar alucinadas, pois sou o maior gato da escola.

O trecho destacado evidencia a concordância entre os termos na oração. Vamos observar os Quadros 9.4 e 9.5.

Quadro 9.4 – Concordância nominal de "elas" e "alucinadas"

ELAS	ALUCINADAS
pronome pessoal, feminino, plural	adjetivo, feminino, plural

Quadro 9.5 – Concordância nominal de "o" e "gato"

O	GATO
artigo definido, masculino, singular	substantivo, masculino, singular

Com base em tais evidências, podemos inferir que as palavras concordam entre si dentro da oração. No entanto, há exceções, como você poderá constatar com o estudo dos casos de concordância nominal apresentados na sequência.

Adjetivo como adjunto adnominal

Neste caso, o adjetivo pode referir-se a um substantivo ou a mais de um substantivo.
Exemplo 1:

O rapaz tinha <u>agilidade</u> **extraordinária**. (o adjetivo refere-se a um só substantivo)

Exemplo 2:

O rapaz tinha <u>força</u> e <u>agilidade</u> **extraordinárias**. (o adjetivo refere-se a dois substantivos)

Adjetivo referindo-se a mais de um substantivo

O adjetivo pode vir, neste caso, anteposto ou posposto aos substantivos.

- ADJETIVO ANTEPOSTO AO SUBSTANTIVO – O adjetivo concorda com o substantivo mais próximo.
  Exemplos:

  A garota tinha **desengonçados** os <u>braços</u> e as <u>pernas</u>.
  A garota tinha **desengonçadas** as <u>pernas</u> e os <u>braços</u>.
  A garota tinha **desengonçada** a <u>perna</u> e o <u>braço</u>.
  A garota tinha **desengonçado** o <u>braço</u> a <u>perna</u>.

- ADJETIVO POSPOSTO AO SUBSTANTIVO – Neste caso, há duas concordâncias possíveis:

  a. O adjetivo concorda com o substantivo mais próximo.
  Exemplos:

*Tinha o braço e a perna **desengonçada**.*
*Tinha a perna e o braço **desengonçado**.*

b. O adjetivo vai para o plural. (se os gêneros são diferentes, prevalece o masculino)
Exemplos:

*Tinha o braço e a perna **desengonçados**.*
*Tinha a perna e o braço **desengonçados**.*

Adjetivo como predicativo do sujeito composto

Neste caso, também há duas concordâncias possíveis:

a. O adjetivo irá para o plural se estiver posposto aos substantivos.
Exemplos:

*Sua inteligência e esperteza eram **brilhantes**.*
*A casa e o colégio estavam **próximos**.*

b. O adjetivo irá para o plural ou concordará com o mais próximo se estiver anteposto aos substantivos.
Exemplos:

*Eram **brilhantes** sua inteligência e esperteza.*
*Era **brilhante** sua inteligência e esperteza.*
*Estava **próxima** a casa e o colégio.*
*Estava **próximo** o colégio e a casa.*

Dois ou mais adjetivos referindo-se a apenas um substantivo

Neste caso, há duas concordâncias possíveis:

a. O substantivo permanece no singular e coloca-se o artigo antes do último adjetivo.

Exemplo:

As novas vizinhas de Calvin derrotaram a <u>seleção</u> feminina e <u>a</u> masculina.

b. O substantivo vai para o plural e omite-se o artigo antes do adjetivo.

Exemplo:

As novas vizinhas de Calvin derrotaram as <u>seleções</u> feminina e masculina.

Casos particulares

Anexo	Obrigado	Mesmo	Incluso	Quite	Leso

Essas palavras são adjetivos. Devem, portanto, concordar com o nome a que se referem.

Exemplos:

*Seguem **anexos** os <u>documentos</u> solicitados.*	*A expressão em anexo é invariável.* *Seguem, **em anexo**, os <u>documentos</u> solicitados.*

*Lucy disse muito **obrigada**.*
*Elas disseram muito **obrigadas**.*
*Elas **mesmas** falarão com Calvin.*
*As fotos estão **inclusas** no envelope.*
*Calvin disse estar **quite** com sua consciência.*
*Os alunos cometeram um crime de **lesa-pátria**.*

Alerta	Menos

São palavras invariáveis.

Exemplos:
*As meninas estavam **alerta**.*
*Há **menos** alunas na sala de aula.*

Bastante	Caro	Barato	Meio	Longe

Quando funcionam como advérbios, essas palavras são invariáveis. Quando adjetivos, pronomes adjetivos ou numerais, concordam com o nome a que se referem.

Exemplos:
Trata-se de questões bastante difíceis. (advérbio)
Havia bastantes questões na prova final. (pronome adjetivo)
As casas eram caras. (adjetivo)
As bananas custam barato. (advérbio)
Que bananas baratas! (adjetivo)
Lucy parece meio esquisita. (advérbio)
Ela comeu meia barra de chocolate antes da refeição. (numeral)
Nossa casa fica longe daqui. (advérbio)
Já andamos por longes terras. (adjetivo)

É proibido	É necessário	É bom	É preciso

Tais expressões permanecem invariáveis se o sujeito não vier antecipado de artigo.

Exemplos:
É proibido entrada.
Entrada é proibido.
Pimenta é bom para tempero.
É preciso cautela.
É necessário prudência.
Prudência é necessário.

A entrada é proibida.
As entradas são proibidas.
Muita prudência é necessária.
Esta pimenta é boa para tempero.

O MAIS... POSSÍVEL	OS MAIS... POSSÍVEIS

Nessas expressões, a palavra *possível* concorda com o artigo que inicia a expressão.

Exemplos:
*Calvin encontrou argumentos o mais fáceis **possível**.*
*Calvin encontrou argumentos os mais fáceis **possíveis**.*

Só	Sós	A sós

A palavra *só* como adjetivo concorda em número com o termo a que se refere. Como advérbio, significa "apenas", "somente" e é invariável.

Exemplos:
*Fiquei **só**.* (adjetivo)
*Ficamos **a sós**.* (advérbio)
***Só** eles ficaram.* (advérbio)

SILEPSE OU CONCORDÂNCIA IDEOLÓGICA

É a concordância que se faz com o sentido e não com a forma gramatical. Pode ser de gênero, número e pessoa.

SILEPSE DE GÊNERO
Exemplo:
*Senhor prefeito, V. Ex.ª está **equivocado**.* (A palavra *equivocado* está no masculino, concordando com o sexo da pessoa e não com o pronome de tratamento, que é feminino.)

SILEPSE DE NÚMERO
Exemplo: A *gurizada* corria pelas ruas e **atiravam** pedras nas vidraças. (O verbo atirar está no plural, concordando com a ideia – *muitos guris* – e não com *gurizada*, que, por ser coletivo, exige o verbo no singular.)

SILEPSE DE PESSOA
Exemplo: *Os amigos do poeta*, que **fomos** levá-lo ao aeroporto, **voltamos** com a *tristeza explícita na face*. (Os verbos estão na 1ª pessoa do plural porque o autor se inclui entre os amigos.)

Indicação cultural

CUNHA, C.; CINTRA, L. *Nova gramática contemporânea*. Rio de Janeiro: N. Fronteira, 2001.

Para que você possa fixar os conteúdos sobre as concordâncias verbal e nominal, é importante ler livros, jornais e revistas, além de ter, pelo menos, uma gramática para consultas esporádicas.

Atividades

1. Escolha a opção que preenche as lacunas:
    a. _____ muitas pessoas interessadas na vaga. (Havia/Haviam)
    b. _____ muitas pessoas interessadas na vaga. (Existia/Existiam)
    c. _____ haver casos sem solução. (Devia/Deviam)
    d. _____ cinco minutos que ele saiu. (Faz/Fazem)
    e. _____ fazer cinco minutos que ele saiu. (Vai/Vão)

f. _____ apartamentos. (Vende-se/Vendem-se)
g. _____ fotografias. (Revela-se/Revelam-se)

2. As frases a seguir apresentam erro com relação à concordância verbal. Reescreva-as, de modo a torná-las adequadas às normas da gramática padrão:
   a. É duas horas e quarenta minutos.
   _____
   _____

   b. Os culpados são vós.
   _____
   _____

   c. Sucedeu, naquela época, acontecimentos trágicos.
   _____
   _____

   d. Eu, tu, ele e nossos amigos chegaram ao local.
   _____
   _____

   e. Devem haver muitos casos sem solução.
   _____
   _____

   f. Podem fazer uns cinco anos que ele não aparece.
   _____
   _____

   g. Daqui ao Rio é uns quatrocentos quilômetros.
   _____
   _____

3. Complete as frases que seguem, preenchendo as expressões com o adjetivo *entreaberto*:
   a. Tinha olhos e boca _____.
   b. Tinha _____ boca e olhos.
   c. Tinha _____ olhos e boca.
   d. Tinha boca e olhos _____.

4. Reescreva as frases que seguem, substituindo as expressões destacadas pela palavra que está entre parênteses. Efetue, se necessário, a concordância nominal:

   a. Suas atitudes eram UM POUCO infantis. (meio)
   _____
   _____

   b. Respondeu-lhe UM TANTO risonha. (meio)
   _____
   _____

   c. MUITO desvairada, pedia-me que não a abandonasse. (bastante)
   _____
   _____

   d. As novas tarifas aéreas estão ACIMA DO PREÇO TABELADO. (caro)
   _____
   _____

5. Assinale o item em que há erro de concordância verbal:
   a. As férias fazem bem.
   b. Hoje são quatro de abril.
   c. Eu e ele precisamos de carinho.
   d. A manada corriam pelo campo.

6. Assinale o item em que NÃO há erro de concordância verbal:
   a. Deu dez horas no relógio da praça.
   b. Aluga-se quartos.

c. Faz dias que não vejo meu pai.
d. A minoria é universitários.

7. Assinale a alternativa que preenche corretamente a frase a seguir:

   A pequena Lucy, ao ganhar um presente de Calvin, respondeu-lhe _____.
   a. muito obrigado.
   b. obrigado.
   c. muito obrigada.
   d. muito agradecido.
   e. Nenhuma das respostas anteriores.

8. Marque a alternativa que preenche corretamente as lacunas da seguinte oração:

   Estava _____ a vila, a casa e o templo; e nós _____ nessa caminhada.
   a. deserta; alertas.
   b. desertos; alerta.
   c. deserta; alerta.
   d. deserta; alertos.
   e. deserto; alerta.

(10)

A vírgula, a crase
e os porquês

Cleide Bacil de León é especialista em Educação e Saúde pela Universidade de São Paulo (USP).

Você sabia que, para escrevermos um bom texto, precisamos ter um bom domínio de alguns aspectos gramaticais? O emprego adequado da vírgula, da crase e dos porquês ajuda o leitor a entender melhor a mensagem que desejamos transmitir.

(10.1)
A vírgula

Os sinais de pontuação auxiliam o leitor a identificar nossos questionamentos, nossas exclamações e pausas, longas ou não. Quando empregamos bem esses sinais, nosso texto fica claro e a mensagem é transmitida e compreendida facilmente, tornando o processo comunicativo um sucesso.

No entanto, quando os empregamos de forma inadequada, nosso leitor não compreende o que desejamos informar. Isso, tratando-se de texto escrito, é muito grave, porque, ao contrário do texto oral, em que podemos contar com outros recursos no processo comunicativo, a produção escrita tem de se bastar linguisticamente.

A vírgula é um sinal muito importante, uma vez que sinaliza aspectos gramaticais e semânticos presentes nas mensagens. Para usá-la de maneira eficaz, é necessário não só saber como se estrutura a frase em português, como também identificar o papel dos elementos que a integram. O emprego da vírgula está estreitamente relacionado a essa organização.

Se formos procurar na gramática normativa da língua portuguesa as regras que regem o emprego da vírgula, encontraremos um bom número de termos técnicos. Como o nosso objetivo aqui é entender as razões que nos levam a usar esse sinal, agrupamos todas as normas em um conjunto de DEZ REGRAS.

Que legal! Estava com medo de me deparar com uma nomenclatura que não lembrava mais! Vamos lá! Quero saber quais são essas dez!

Empregamos a vírgula quando temos:

1. aposto;
2. vocativo;
3. inversão na ordem das palavras;
4. inversão na ordem das orações;
5. articuladores de oposição e conclusão;

6. orações unidas pelo *e* com sujeitos diferentes;
7. enumeração;
8. palavras explicativas ou retificadoras;
9. omissão do verbo;
10. informação extra.

Tudo bem, mas dá para explicar mais um pouco cada uma delas? Não se esqueça de dar exemplos. Assim fica mais fácil!

Tudo bem, Parole! Vamos ver cada um dos casos detalhadamente.

1. APOSTO – É um termo que explica, identifica a palavra anterior. Não faz parte da informação principal. Por isso, deve estar entre vírgulas. É uma informação verdadeira.
Exemplo:

Parole, modelo da disciplina de Língua Portuguesa, é uma menina aplicada.

2. VOCATIVO – É um chamamento. Quando queremos começar um discurso, chamar alguém a nossa fala, fazemos uso do vocativo. Não importa em que posição ele esteja na frase, deve ser sempre marcado por uma vírgula.
Exemplos:

Parole, venha cá!
Venha cá, Parole!
Venha, Parole, aqui!

3. INVERSÃO DA ORDEM DAS PALAVRAS – Ocorre quando tiramos as palavras da ordem direta do português (sujeito + verbo + complementos verbais + adjuntos adverbiais).
Exemplos:

Parole estuda Língua Portuguesa todos os dias. (ordem direta)
Todos os dias, Parole estuda Língua Portuguesa. (ordem inversa)

4. INVERSÃO DA ORDEM DAS ORAÇÕES – Ocorre quando tiramos as orações subordinadas do lugar. Para facilitar, é bom saber que os períodos iniciados por conjunções subordinativas recebem vírgula.
Exemplo:

Quando Parole tem dúvidas, ela pede auxílio à professora.

5. ARTICULADORES DE OPOSIÇÃO E CONCLUSÃO – Na união de duas orações de sentido completo, usamos conjunções coordenativas. Quando estas são adversativas e conclusivas, a vírgula deve ser colocada antes delas.
Exemplo:

Parole é uma menina sapeca, mas muito estudiosa.

6. ORAÇÕES UNIDAS PELO *E* COM SUJEITOS DIFERENTES – Quando temos duas orações unidas pelo *e* com sujeitos diferentes para cada uma delas (ver o verbo), usamos vírgula antes do *e*.
Exemplos:

Parole é uma menina estudiosa e gosta de estudar a língua materna. (duas orações com o mesmo sujeito – *Parole*)

Parole é muito estudiosa, e <u>sua mãe</u> fica muito orgulhosa. (duas orações com sujeitos diferentes – *Parole* é sujeito da primeira oração, e *sua mãe* da segunda)

7. ENUMERAÇÃO – Ocorre quando enumeramos ou listamos palavras.
Exemplo:

Parole adora estudar Língua Portuguesa, Matemática, História e Geografia.

8. PALAVRAS EXPLICATIVAS OU RETIFICADORAS – Quando usamos expressões como *ou seja, isto é, em outras palavras, melhor dizendo, retifico, digo*, elas aparecem separadas por vírgulas.
Exemplo:

Paroli, <u>digo</u>, Parole é uma ótima menina.

9. OMISSÃO DO VERBO – Quando não desejamos repetir o verbo já mencionado na primeira oração, marcamos a omissão na segunda oração com a vírgula.
Exemplo:

Parole adora estudar Português; seus amigos, Matemática.

10. INFORMAÇÃO EXTRA – Refere-se à inserção de qualquer informação ou comentário que não faz parte da mensagem principal. Cuidado para não confundir com o aposto. No caso da informação extra, é a percepção de quem está dizendo algo.
Exemplo:

Parole, <u>menina estudiosa e dedicada</u>, é modelo da disciplina de Comunicação e Expressão.

Observamos então que:

- há uma forte ligação entre sujeito e verbo, não sendo possível separá-los por vírgula (para encontrar o sujeito, faça as pergunta *quem?* ou *o quê?* antes do verbo);
- não é possível separar verbo e complemento por vírgula, pois eles também mantêm um estreito vínculo (para encontrar o complemento do verbo, faça as mesmas perguntas depois dele);
- se há adjunto adverbial (indica circunstância de lugar, tempo, modo etc.) no final da frase – sua posição natural – não é utilizada a vírgula;
- palavras, expressões ou orações que completam ou restrigem o significado de outras não devem ser separadas por vírgulas.

A seguir, veja o Quadro 10.1 que resume as situações de usos da vírgula.

Quadro 10.1 – Resumo das situações de uso da vírgula

SITUAÇÃO NA ORAÇÃO	SIM	NÃO	OPCIONAL
Entre sujeito e verbo		x	
Entre verbo e complemento		x	
Com a ordem direta da frase no português		x	
Com adjunto adverbial curto			x
Com complemento de verbo deslocado			x
Em intercalações	x		

(continua)

(Quadro 10.1 – conclusão)

Situação na oração	SIM	NÃO	OPCIONAL
Com vocativo	x		
Com aposto	x		
Nas enumerações	x		
Na omissão do verbo	x		
Em orações coordenadas assindéticas (sem articulador)	x		
Em orações coordenadas sindéticas (sem articulador)	x		
Em sindéticas iniciadas com *e* (sujeitos diferentes nas orações ou repetidos)	x		
Em sindéticas iniciadas com *nem* (repetido)	x		
Em orações subordinadas adjetivas explicativas	x		
Em orações subordinadas adjetivas restritivas		x	
Em orações subordinadas adverbiais deslocadas	x		
Em orações subordinadas substantivas		x	
Em orações subordinadas substantivas apositivas	x		

Nota: A vírgula ocorre, de modo geral, para marcar inversão, intercalação, enumeração, omissão ou ênfase na frase. Este estudo não esgota todas as possibilidades do uso da vírgula; aqui citamos apenas os usos mais frequentes.

(10.2)

A crase

O acento grave, indicador de crase, geralmente marca a fusão entre um *a*, preposição, e outro *a*, artigo definido, como podemos ver no exemplo a seguir:

Fui à biblioteca ontem.

Para o bom uso desse acento, é conveniente observar o que segue:

- Como o artigo *a* só pode aparecer diante de palavras femininas, a crase ocorre somente diante de termos femininos.

- A regência de alguns verbos que regem a preposição *a* determina o uso da crase diante de nomes femininos. Exemplo:

Refiro-me à antiga cultura mesopotâmica.

- A substituição da palavra feminina por outra equivalente masculina nos permite verificar a ocorrência ou não do acento grave. Se o *a* for substituído por *ao*, significa que ele deve receber o acento grave, indicador de crase.
Exemplo:

Demos um lindo presente à menina (ao menino).

- As locuções com palavras femininas devem ser acentuadas.
Exemplo:

Vire à direita.

- Diante dos pronomes demonstrativos *aquele, aquela* e *aquilo,* pode ocorrer a crase. Isso acontece porque a preposição *a* se funde com a vogal inicial *a* desses pronomes.
Exemplo:

Ele se referiu àquele livro com muito entusiasmo.

- Pode ocorrer crase diante de palavras masculinas, quando se subentendem as expressões *à moda de, à semelhança de* ou *à maneira de.*
Exemplo:

Ele jogava futebol à Pelé.

- A locução *à distância* só recebe o acento grave quando estiver determinada.
Exemplo:

Estávamos à distância de 50 metros.

- Sempre se acentua o *a* nas expressões que indicam horas.
Exemplo:

Sairemos à zero hora.

- Diante da palavra *casa,* quando acompanhada de modificador.

Exemplo:

Voltei à casa de meus amigos depois de um ano. (com modificador)

Não devemos colocar o acento grave nos seguintes casos:

- Diante da palavra *casa* com o significado de "lar" e da palavra *terra* com o significado de "terra firme, chão", quando estiverem desacompanhadas de modificador.
  Exemplo:

Voltei a casa tarde. (sem modificador)

- Antes de nome de cidade.
  Exemplo:

Vou a Fortaleza.

- Antes de verbos.
  Exemplo:

Começamos a trabalhar desde cedo.

- Entre substantivos repetidos.
  Exemplo:

Leu o livro de ponta a ponta.

- Antes de palavras masculinas.
  Exemplo:

Chegaram a cavalo.

- Antes do artigo indefinido *uma*.
  Exemplo:

  Referiu-se a uma senhora que estava presente.

- Antes de pronomes em geral.
  Exemplo:

  Dê o livro a essa senhora.

- Quando a palavra que segue o *a* estiver no plural.
  Exemplo:

  Dê o livro a pessoas interessadas na leitura.

O uso da crase é FACULTATIVO nas situações a seguir:

- Antes de pronome possessivo feminino.
  Exemplo:

  Compre o presente a/à minha filha.

- Com a locução *até a* seguida de nome feminino.
  Exemplo:

  Vou até a/à farmácia.

A seguir, veja o Quadro 10.2 que resume as situações de usos de crase.

Quadro 10.2 – Resumo do uso de crase

Situações	SIM	NÃO	OPCIONAL
Diante de palavras femininas	x		
Diante de locuções com palavras femininas	x		
Diante dos pronomes *aquele, aquela* e *aquilo*	x		
Diante da palavra *casa*		x	
Diante da palavra *casa* com modificador	x		
Diante das expressões que indicam horas	x		
Diante de verbos		x	
Diante de palavras masculinas		x	
Entre palavras repetidas		x	
Antes do artigo *uma*		x	
Antes de pronomes em geral		x	
Quando a palavra seguinte estiver no plural		x	
Antes de pronome possessivo feminino			x
Com a locução *até a* seguida de nome feminino			x

(10.3)
Os porquês

Os porquês podem ser grafados de quatro formas diferentes: *por que, porque, por quê* e *porquê*.

É importante fazer a distinção entre eles, já que têm usos diferentes dentro do português culto e podem alterar o sentido de frases, períodos e textos, como observamos nos exemplos a seguir:

Por que você chegou tarde? / *Ele não sabe por que motivo chegou tarde.*
Cheguei tarde porque o ônibus não passou a tempo.
Você chegou tarde, por quê?
Quero saber o porquê de seu atraso.

Vejamos então quando devemos usar cada um dos porquês:

- POR QUE – É empregado no início de frases interrogativas e equivale a *por qual razão* ou *por qual motivo*. Também é usado quando as palavras *motivo* ou *razão* estão claras ou subentendidas. Há casos em que equivale a *pelo qual* e, em outros contextos, equivale a *para que*.
- PORQUE – É usado para respostas; com ele damos explicações.
- POR QUÊ – É empregado em final de oração e equivale a *por que motivo*. Recebe acento porque é um monossílabo tônico no final da oração.
- PORQUÊ – Equivale a um substantivo e, por esse motivo, admite a anteposição de um artigo e pode ser pluralizado.

Atividades

1. Leia o texto a seguir e reescreva-o:
   Observações:
   a. Ao ler um texto, preste atenção no uso da vírgula.
   b. Depois da leitura, reescreva o texto, modificando a posição das orações e de seus elementos.

   > ### Quanto mais ricos, mais reclamam
   >
   > O Índice de Desenvolvimento Humano é um conceito referendado pela ONU para medir a qualidade de vida em diferentes lugares. É de esperar, portanto, que as pessoas que vivem em regiões com IDH maior estejam mais satisfeitas. Não se você vive em São Paulo. O recém-divulgado relatório da Ouvidoria do município mostra as 4.060 reclamações encaminhadas às subprefeituras sobre iluminação, jardinagem e buracos, entre outras. Quando os dados são jogados no mapa, é quase impossível distinguir as áreas ricas das que mais reclamam. A região de Pinheiros, a mais desenvolvida, é a campeã de reivindicações. Uma possível explicação é que os ricos conhecem melhor seus direitos. Outra: os pobres acham que não adianta reclamar.
   >
   > Fonte: Machado, 2007.

2. Leia o texto a seguir e justifique a ocorrência ou não do acento grave nos *as* que você encontrar:
   Observação: Ao ler um texto, quando possível, substitua as palavras femininas por outras masculinas e verifique se aparece *ao* diante da palavra masculina.

As luas de Galileu

Um livro perdido por mais de quatro séculos traz uma série de desenhos do matemático e astrônomo Galileu Galilei (1564-1642). As figuras, feitas com aquarela, retratam as fases da Lua. Com a observação da Lua, Galileu foi um dos primeiros a sugerir que a Terra se move. O material foi descoberto em um antiquário em Nova Iorque, EUA.

Fonte: As luas..., 2007.

3. Leia o texto a seguir e formule perguntas. Em seguida, responda-as tendo como base a informação contida no texto:

Quem cuida dos arquivos?

Quando preenchem cadastros com informações confidenciais, as pessoas em geral confiam na capacidade das empresas de guardá-las. Infelizmente, essa segurança é mais frágil do que imaginamos. E nem é porque os invasores de computadores sejam tão espertos. Um levantamento feito nos Estados Unidos, recém-publicado pela revista *Wired*, mostrou que a maioria dos dados de clientes é perdida por pura displicência. Apenas em 9% dos casos isso se deve à ação dos *hackers*. Segundo a pesquisa, houve mais de 100 milhões de cadastros extraviados nos EUA nos últimos dois anos.

Fonte: Dados..., 2008.

4. Assinale a alternativa em que a pontuação está INCORRETA:
   a. Em Porto Alegre, há avenidas amplas.
   b. Eles estão estudando para o vestibular.
   c. Quando acabaram os trabalhos, foram descansar.

d. Embora tenham trabalhado todo o dia não conseguiram acabar a tarefa.

e. Ele pediu uma sopa, ela, uma carne.

5. No texto a seguir, foram retiradas as vírgulas. Pontue-o de acordo com o conteúdo visto.

> *Meio ambiente? O que eu ganho com isso?*
>
> Apesar do apelo mundial pela redução da emissão de poluentes limpeza dos rios e proteção às florestas a melhor estratégia para sensibilizar as pessoas para a questão ambiental continua sendo... o bolso.

Fonte: Meio ambiente..., 2007.

6. Pontue as frases quando necessário:
    a. Ele falou alto mas os colegas não o ouviram.
    b. João disse Alberto é um hipócrita.
    c. É importante que todos entendam o conteúdo da matéria.
    d. João bom amigo que bom encontrá-lo.
    e. João acima de tudo é um bom amigo.

7. Complete os espaços com a forma correta:
    a. Ele fez tudo _____ mão.
    b. Ele começou _____ fazer o trabalho _____ 5 horas.
    c. Coloque _____ travessas na prateleira.
    d. Eles ficaram _____ distância.
    e. Entregaremos os presentes _____ elas.

8. Assinale as frases corretas quanto ao uso dos porquês:
   a. Eu não sei por que caminhos seguiram.
   b. Não há porque fazer isso.
   c. Eles gostam de saber o porquê de tudo.
   d. Porque você fez isso?
   e. Por que ele agiu dessa maneira?

Referências

ABREU, A. S. *Curso de redação*. São Paulo: Ática, 2003.
ABREU, M. *Novo ano letivo*. Disponível em: <http://www.educacao.rs.gov.br/pse/html/artigos_det.jsp?PAG=3&ID=35>. Acesso em: 12 set. 2011.
AJUDA infantil para arrumar a casa demanda cuidados. *Jornal Folha de S. Paulo*, 5 out. 2006.
ALCÂNTARA, E. Os EUA quebram um tabu. *Veja*, São Paulo, 1997.
AS LUAS de Galileu. *Revista Época*, São Paulo, abr. 2007. Disponível em: <http://revistaepoca.globo.com/Revista/Epoca/0,,EMI56624-15215-4,00-PRIMEIRO+PLANO.html>. Acesso em: 15 set. 2011.
BACHELARD, G. *A formação do espírito cien-*
tífico. Rio de Janeiro: Contraponto, 2003.
BARROS, E. M. de. *Gramática da língua portuguesa*. São Paulo: Atlas, 1991.
BEDIM, V. *A importância dos jogos e brincadeiras*. Disponível em: <http://mulher.terra.com.br/maesefilhos/>. Acesso em: 8 jun. 2007.
BEMZEM. *Astrologia*: a importância da Lua na vida das pessoas. Disponível em: <http://www1.uol.com.br/bemzen/ultnot/astrologia/ult48u387.htm>. Acesso em: 8 jun. 2007.
BRANDÃO, S. F. *A geografia linguística do Brasil*. São Paulo: Ática, 1991.
CALVET, J. L. *Sociolinguística*. São Paulo: Parábola, 2002.
CAMARGO, T. N. de. *Uso da vírgula*. São Paulo: Manole, 2005.

CAMÕES, L. V. de. *Rhythmas*. Lisboa: M. de Lyra, 1595.

CARLI, R. Terceirização e violência. *Jornal Zero Hora*, Porto Alegre, 19 maio 2006.

CASTRO, D. "*TV digital não muda nada*", afirma Boni. Disponível em: <http://www.observatoriodaimprensa.com.br/news/view/estado-de-s-paulo-muda-a-sua-direcao-de-redacao>. Acesso em: 12 set. 2011.

CHAROLLES, M. Introdução aos problemas da coerência dos textos. In: GALVES, C.; ORLANDI, E. P.; OTTONI, P. (Org.). *O texto*: leitura e escrita. 2. ed. Campinas: Pontes, 1997.

CORSO, D. Ensina-me a ler. *Jornal Zero Hora*, Caderno 2, 16 maio 2007.

COSTA, A. C. Grãos especiais transformam o cafezinho numa experiência inesquecível. *Revista IstoÉ*, São Paulo, n. 1.946, 14 fev. 2007.

COSTA VAL, M. da G. *Redação e textualidade*. 3. ed. São Paulo: M. Fontes, 2006.

CUNHA, C.; CINTRA, L. *Nova gramática contemporânea*. Rio de Janeiro: N. Fronteira, 2001.

CUNHA, S. F. F. et al. *Tecendo textos*. 2. ed. Canoas: Ed. da Ulbra, 2000.

DADOS confidenciais: quem cuida dos arquivos? *Revista Época*, São Paulo, 2008. Disponível em: <http://revistaepoca.globo.com/Revista/Epoca/0,,EMI56624-15215-4,00-PRIMEIRO+PLANO.html>. Acesso em: 15 set. 2011.

DALLARI, D. de A. *Viver em sociedade*. São Paulo: Moderna, 2005.

ELA está com tudo. *Revista Dieta Já*, São Paulo, fev. 2003. Disponível em: <http://dietaja.uol.com.br/>. Acesso em: 11 jun. 2007.

FÁVERO, L. L.; ANDRADE, M. L.; AQUINO, Z. *Oralidade e escrita*: perspectivas para o ensino de língua materna. 4. ed. São Paulo: Cortez, 2003.

_____. _____. São Paulo: Cortez, 2004.

FESTIVAL de Parintins. Disponível em: <http://www.amazonia.com.br/canais/turismo_novo/amazonas/cultura.asp>. Acesso em: 8 jun. 2007.

FLÔRES, O.; SILVA, M. R. *Da oralidade à escrita*: uma busca da mediação multicultural e plurilinguística. Canoas: Ed. da Ulbra, 2005.

FRANTZ, S. Bonecas do mundo. *Jornal Zero Hora*, Porto Alegre, 27 jun. 2007.

GARCIA, O. M. *Comunicação em prosa moderna*. Rio de Janeiro: FGV, 1996.

GERALDI, J. W.; ILARI, R. *Semântica*. São Paulo: Ática, 1992.

GNERRE, M. *Linguagem, escrita e poder*. São Paulo: M. Fontes, 1998.

GUIMARÃES, E. *A articulação do texto*. São Paulo: Ática, 2006.

HOUAISS, A. *Dicionário de língua portuguesa*. Rio de Janeiro: Cosme Velho, 2001.

ILARI, R. *Introdução à semântica*. São Paulo: Contexto, 2001.

_____. _____. 4. ed. São Paulo: Contexto, 2003.

INFANTE, U. *Curso de gramática aplicada aos textos*. 5. ed. São Paulo: Scipione, 1997.

_____. *Do texto ao texto*: curso prático de leitura e redação. São Paulo: Scipione, 1998.

JORNAL CORREIO DO POVO. Porto Alegre, 28 fev. 2007a.

_____. Porto Alegre, 1º mar. 2007b.

JORNAL DE BRASÍLIA. Brasília, 21 maio 2007.

JORNAL FOLHA DE S. PAULO. São Paulo, 20 jan. 2007.

JORNAL ZERO HORA. Porto Alegre, 19 maio 2006a.

_____. Porto Alegre, 24 maio 2006b.

KOCH, I. V. *Argumentação e linguagem*. São Paulo: Cortez, 1984.

_____. *Coerência textual*. São Paulo: Contexto, 2002.

_____. *Coesão textual*. São Paulo: Contexto, 2003.

_____. *O texto e a construção dos sentidos*. São Paulo: Contexto, 1999.

KOFFMAN, S. *Resumir. Interpretar*. Rio de Janeiro: Ed. da PUCRJ, 1975.

KRISTEVA, J. *História da linguagem*. São Paulo: Ed. 70, 2003. (Coleção Signos).

LAGE, A.; MANTOVANI, F. Especialistas esclarecem 25 dúvidas sobre o consumo de sal. *Jornal Folha de S. Paulo*, 5 out. 2006.

LAITANO, C. Casca de banana. *Jornal Zero Hora*, Porto Alegre, 14 out. 2006.

LIMA, R. *Gramática normativa da língua portuguesa*. Rio de Janeiro: J. Olympio, 2001.

LUFT, C. P. *Língua e liberdade*: por uma nova concepção da língua materna e seu ensino. Porto Alegre: L&PM, 1995.

LULA descarta renegociar Itaipu. *Jornal Zero Hora*, Porto Alegre, n. 15.248, 22 maio 2007.

MACHADO, F. Quanto mais ricos, mais reclamam. *Revista Época*, São Paulo, 2007.

MALTAROLLI, W. *O caminho dos tapetes orientais*. Rio de Janeiro: RBM, 2001.

MARCUSCHI, L. A. *Da fala para a escrita*: atividades de retextualização. 2. ed. São Paulo: Cortez, 2001.

MARTINS, D. S.; ZILBERKNOP, L. S. *Português instrumental*. Porto Alegre: Sagra Luzzatto, 1993.

_____. _____. 22. ed. Porto Alegre: Sagra Luzzatto, 2002.

MASCARELLO, F. Porto Alegre nua e crua. *Jornal Zero Hora*, Porto Alegre, Caderno de Cultura, 19 maio 2005.

MEIO ambiente? O que eu ganho com isso? *Revista Época*, São Paulo, maio 2007.

MISSÃO vai a Moscou tentar derrubar embargo contra carne brasileira. *Estadão. com.br*, Quinta-feira, 19 out. 2006, 14h43, Online, Cidade Geral. Disponível em: <http://www.estadao.com.br/arquivo/economia/2006/not20061019p39231.htm>. Acesso em: 12 set. 2011.

MOISÉS, M. *Dicionário de termos literários*. São Paulo: Cultrix, 1999.

MORAES, R. B. de T.; MINAMI, T. O desafio da qualidade. *Nova Escola*, São Paulo, n. 196, out. 2006.

MORENO, C.; GUEDES, P. C. *Curso básico de redação*. 12. ed. São Paulo: Ática, 1997.

MOTA, D. Professor afirma que é possível consumir tudo o que dá prazer. *Jornal Folha de S. Paulo*, 1º mar. 2007.

MUSSALIN, F.; BENTES, A. C. *Introdução à linguística*. São Paulo: Cortez, 2004. v. 1.

NOGUEIRA, M. Língua Portuguesa: a língua solta. *Revista Superinteressante*, São Paulo, ed. 225, abr. 2006a.

NOGUEIRA, S. B. *O texto em construção*: a produção de um artigo científico. São Paulo: Ed. Nacional, 2006b.

PÉCORA, A. *Problemas de redação*. 5. ed. São Paulo: M. Fontes, 1999.

PERRONE, M. Escrever para viver. *Jornal Zero Hora*, Caderno de Cultura, Porto Alegre, n. 15703, 22 ago. 2008. Resenha.

REIS, C.; LOPES, A. C. M. *Dicionário de narratologia*. Coimbra: Almedina, 2000.

REVISTA ESTILO NATURAL. Edição 36, set. 2006.

SACCONI, L. A. *Nossa gramática*. Teoria e prática. 25. ed. São Paulo: Atual, 1999.

SANTANA, E. No Paraguai, Lula nega interesse brasileiro de revisar Tratado de Itaipu. *Agência Brasil*, 21 maio 2007. Disponível em: <http://agenciabrasil.ebc.com.br/noticia/2007-05-21/no-para guai-lula-nega-interesse-brasileiro-de-revisar-tratado-de-itaipu>. Acesso em: 15 set. 2011.

SCARTON, G. *Um gramático contra a gramática*. Disponível em: <http://www.pucrs.br/gpt/resenha.php>. Acesso em: 12 set. 2011.

SERAFINI, M. T. *Como escrever textos*. 10. ed. São Paulo: Globo, 2000.

SILVA, J. M. P. da. *Os varões illustres do Brazil durante os tempos coloniáes*. Paris: A. Franck; Guillaumin, 1855. Tomo II.

SIMÕES JUNIOR, A. C. *A afirmação do sexo forte*. A linguagem da revista masculina. Disponível em: <http://www.filologia.org.br/viicnlf/anais/caderno10-01.html>. Acesso em: 12 set. 2011.

TSE libera gastos de campanha e pesquisas. *Jornal Zero Hora*, Porto Alegre, p. 11, 24 maio 2007.

WERTHEIN, J. *Novas tecnologias e a comunicação democratizando a informação*. 2004. Disponível em: <http://www.dominiopublico.gov.br/download/texto/ue000259.pdf>. Acesso em: 12 set. 2011.

Gabarito

Capítulo 1
1.
a. V
b. F – A língua varia de acordo com a NECESSIDADE do homem.
c. V
d. V
e. F – As mudanças linguísticas são ORDENADAS E SEGUEM UMA DIREÇÃO.
f. V
g. F – O princípio da criatividade linguística afirma que SOMENTE O HOMEM É CAPAZ DE FORMAR NOVAS PALAVRAS E FRASES.
h. V
i. F – O falante nativo que domina o nível culto deve RESPEITAR aqueles que não o dominam, segundo a linguística.
j. V
2. d, b, c, a

Capítulo 2

1.
a. Grupal/gíria.
b. Culto/padrão.
c. Regional.
d. Grupal/técnico.
e. Inculta.
f. Coloquial

2.
a. Conativa.
b. Referencial.
c. Metalinguística.

3.
a. regional.
b. coloquial.
c. inculto.
d. grupal/técnica.
e. grupal/gíria.
f. culto/padrão.

Capítulo 3

1.
os primeiros exemplares – laranja.
as – laranja.
seus – laranja.
boa fonte de energia – laranja.
que – potássio.
seu – laranja.
que – agressões.
elas – doenças degenerativas.
seu – laranja.

2.
E; além de.

3.
Mais... do que.

4.
O articulador *mas* (linha 15) estabelece o sentido de OPOSIÇÃO e poderia ser substituído por *porém, contudo, todavia, no entanto,* estabelecendo a mesma relação.

5.
a. Deus.
b. Destruição do edifício/Torre de Babel.
c. Pessoas.
d. Segundo (conformidade) e Para (finalidade).
e. Concessão.
f. Pessoas.
g. Definição.
h. É um articulador, pois expressa um sentido de temporalidade.
i. Se não há...
j. Finalidade.

Capítulo 4

1 b, a, d, c
2. a) b, a, c
   b) d
3. Não contradição.
4. Não houve respeito ao princípio da repetição no trecho, pois há repetição de termos, isto é, os anafóricos não foram utilizados.

Capítulo 5

1.
a. INTRODUÇÃO: "Se havia ainda alguma dúvida de que a economia americana passa pelo melhor momento de sua história, ela acabou semana passada."
DESENVOLVIMENTO: "Na quarta-feira, foi divulgado o índice de confiança do consumidor, [...] o país lidera a grande revolução tecnológica mundial."
CONCLUSÃO: "Este é o melhor momento econômico dos Estados Unidos e muito provavelmente de toda a história do capitalismo."

b. INTRODUÇÃO: "Até fins da década passada, possuir um tapete oriental no Brasil era privilégio de alguns poucos colecionadores particulares."
DESENVOLVIMENTO: "Com a abertura das importações e consequente diminuição das taxas, a oferta dessas peças aumentou significativamente nos anos 1990, provocando uma crescente curiosidade sobre o assunto."
CONCLUSÃO: "Por isso, e também pelo quase total desconhecimento dos consumidores brasileiros sobre a matéria, nos sentimos compelidos a elaborar este trabalho."

c. INTRODUÇÃO: "A violência voltou a espalhar terror, com dois atentados que deixaram mais de 40 mortos no Afeganistão e no Iraque."
DESENVOLVIMENTO: "Em um dos ataques, ontem, o alvo era o vice-presidente do EUA, Dick Cheney, que estava em visita ao Afeganistão [...]. O líder tribal da cidade, Hamid Farhan, acusou a Al-Qaeda pelo atentado."
CONCLUSÃO: "Apesar de o governo iraquiano ter confirmado a explosão e as mortes, o Exército dos EUA disse ignorar o ataque e informou ter feito testes com explosivos no mesmo local."

2.
a. TÓPICO FRASAL: a vida em sociedade, mais do que uma escolha decorrente do livre-arbítrio, é essencial para o homem, uma vez que é inerente à sua natureza.
ARGUMENTO 1: não havendo tal carência do contato humano, a decisão quanto ao isolamento individual dependeria exclusivamente da vontade de cada um.
ARGUMENTO 2: entretanto, a pessoa sofreria as consequências de sua decisão quanto a viver sozinho.
ARGUMENTO 3: assim, torna-se impossível para o ser humano viver isoladamente por período prolongado.

b. TÓPICO FRASAL: o teste comparativo entre os veículos Civic e Accord revela diferenças que identificam as preferências do público-alvo de cada modelo.
ARGUMENTO 1: o modelo Civic apresenta

linhas e comportamento esportivo, que se contrapõem à serenidade e à suavidade transmitidas pelo Accord.

ARGUMENTO 2: o Accord, de custo mais elevado, visa ao mercado norte-americano, enquanto o Civic é direcionado ao mercado brasileiro, de menor poder aquisitivo.

ARGUMENTO 3: a esportividade do Civic atende a um segmento mais jovem e dinâmico, e a maciez e a *performance* do Accord, a público mais conservador.

3.
a. ASSUNTO: a televisão digital.
DELIMITAÇÃO: o impacto da implantação da televisão digital no Brasil.
OBJETIVO: apontar que a implantação da televisão digital não trará uma modificação tão significativa quanto muitos imaginam.
b. ASSUNTO: a origem da terapia do Reiki.
DELIMITAÇÃO: a busca do entendimento sobre as curas milagrosas praticadas por Buda e por Jesus Cristo.
OBJETIVO: expor as pesquisas do médico japonês que o conduziram à descoberta da terapia do Reiki e a constatação pessoal quanto à eficácia do método.
c. ASSUNTO: as modernas famílias brasileiras e chinesas.
DELIMITAÇÃO: a redução do número de filhos verificada nos últimos anos no Brasil e na China.
OBJETIVO: comparar as razões e as consequências da diminuição dos índices de natalidade em ambos os países.
d. ASSUNTO: o recomeço do ano letivo proporciona oportunidade para a análise da função da educação.
DELIMITAÇÃO: o acesso à escola permite o desenvolvimento de uma melhor qualidade de vida.
OBJETIVO: destacar a função social da educação e os decorrentes deveres da escola para com seus alunos.
e. ASSUNTO: o prazer que deve acompanhar o ato de comer.
DELIMITAÇÃO: o ato de comer prazerosamente, para os norte-americanos, tornou-se sinônimo de culpa.
OBJETIVO: mostrar que a "boa" alimentação decorre do prazer de comer e não das restrições de consumo impostas pelas novas tendências alimentares.

Capítulo 6

1. Cada resposta enfoca um aspecto diferente em relação à pergunta, e quem responde escolherá uma ou outra forma de responder de acordo com o que sabe a respeito do contexto do diálogo. Se a pergunta é meramente uma forma de obter uma informação, a primeira resposta é a adequada. Mas se quem pergunta está querendo confirmar quanto são 2 + 2, a segunda é a resposta adequada. Nesse caso, na fala, o *quanto* seria enfatizado, isto é, dito em tom mais alto, e, na resposta, o *quatro* seria dito com ênfase, confirmando o que se questionou.

2.
a. Não acredito muito nessa história de vazamento. Se tivesse vazado óleo, o caminhão não teria ido muito longe.
b. O passageiro acordou quando o ônibus já estava para partir e, mesmo assim, ainda conseguiu desembarcar.

3.
a. 4
b. 1, 2, 3, 4
c. 1, 2, 4
d. 2, 4
e. 2, 4, 5
f. 2, 4
4. d

Capítulo 7

1. c
As demais alternativas não estão corretas porque:
a. Está em primeira pessoa.
b. Está em discurso direto – citação.
d. Há excessivas repetições da palavra *Louvre* e alto grau de desarticulação no final.
e. Está em primeira pessoa.

2. c
As demais alternativas não estão corretas porque:
a. Está em primeira pessoa.
b. Presença de discurso direto – citação.
d. Não há fidelidade com relação ao conteúdo da transcrição.
e. Está em primeira pessoa.

3. d
As demais alternativas não estão corretas porque:
a. Está em primeira pessoa.
b. Está em primeira pessoa e não é fiel ao conteúdo da transcrição (*já estou acostumado de novo*).
c. Está em discurso direto – citação.
e. A redação está prejudicada pelo excesso de repetições da mesma palavra (*Laçador*), além de apresentar erros de pontuação.

Capítulo 8

1. Resenha de *Fale com ela*, por Tiago P. Ribeiro.
O universo feminino e suas particularidades sempre ocuparam os filmes de Pedro Almodóvar. A galeria de personagens construídas por e para Almodóvar pode ser descrita como um pequeno manual para entender o pensamento da mulher. Neuróticas, fatalistas, sentimentais,

sofridas, ressentidas, contidas, alegres. As mulheres de Almodóvar se tornaram conhecidas pela expressividade com que se relacionam com o mundo e com os outros.

O rebuscamento das formas e do conteúdo também são uma grande característica do diretor espanhol. A latinidade de suas cores e de seus textos nos remetem ao exagerado, ao caricato. Temos a sensação de que a tela pode explodir a qualquer momento. O turbilhão de emoções e de tonalidades são inexplicáveis.

Fale com ela, o trabalho mais recente do diretor, poderia soar de forma igualmente melodramática, se tomarmos por base a sinopse. O tema: amor. A situação: duas mulheres em coma, dois homens que tentam acreditar na recuperação da pessoa amada. O lugar: a Espanha. Particularidades: pequenos preconceitos que dão um tom de crítica. Detalhe importante: o contumaz despudor de Almodóvar.

Tudo soa como mais um trabalho tipicamente Almodóvar. Os dramas inexplicáveis, o amor impossível, a mulher que parece ser forte, os homens que vivem em função de suas amadas. A grande diferença é que, desta vez, as mulheres são vistas pelos olhos masculinos, pela óptica dos dois protagonistas. A contenção e a maturidade parecem ter sido atingidas.

[...]

A sinfonia orquestrada por Almodóvar não perde, no entanto, e em nenhum momento, a marcante plasticidade, tão importante em sua obra. As formas femininas, o balé dos corpos (mortos ou vivos) e a fragilidade do olhar nos trazem beleza e esperança. Suas cores, apesar de mais sóbrias e limpas, são envolventes e serenas. Parecem seguir o tom estéril do hospital, cenário central do filme.

Mas é claro que, mesmo dando voz aos homens, Almodóvar continua a trabalhar em seu projeto de entender a mente "delas". A mente feminina é um mistério para o diretor. Por isso temos que conversar com elas. A obsessão pela mulher, o amor sem limites, a simplicidade dos atos e a falta de falsos pudores continuam a mover Almodóvar.

2. Resenha de *As virtudes da casa*, por Jorge de Sá.

As virtudes da casa é o quinto romance de Luiz Antonio de Assis Brasil, gaúcho de Porto Alegre, 1945. Depois de *Manhã transfigurada*, o que se poderia esperar dele era exatamente um trabalho de fôlego, densa narrativa que desmascara desejos amorosos e o duelo que existe, latente, entre Isabel, jovem mais ainda inexpressiva, e sua mãe Micaela, madura e sensual, capaz ainda de arrebatar corações. A chegada de Félicien, o naturalista e literato francês, cumpre a sugestão do seu nome. Isabel e Micaela conhecem o gosto da felicidade, porém logo pagarão o alto preço desse aprendizado.

Provocada a rachadura do teto da família virtuosa, a estância da Fonte começa a jorrar suas águas poluídas. Jacinto e seus complexos edipianos, a relação entre senhores e escravos, o fascínio de uma nova cultura – tudo contribui para que o jogo erótico se misture ao jogo da morte. E narrado de tal forma que o leitor – apesar de uma extensão às vezes desnecessária – se sente cúmplice do narrador, à espera dos acontecimentos. Mesmo quando o texto se vê ameaçado por um clímax que não acontece. Sem explicações, o narrador segue seu curso. A narrativa, apesar da ausência de um esclarecimento, mantém o seu fascínio. Porque a linguagem de Assis Brasil é firme, constrói com segurança as diferentes atmosferas que embalam os sonhos e desenganos dos personagens. Enfim, porque *As virtudes da casa* tem a virtude do Sul, sem perder-se em regionalismos, recompondo um bonito painel de nossa gente. (SÁ, J. de. As virtudes da casa. *Jornal do Brasil*, Rio de Janeiro, p. 9, 20 abr. 1985).

3. Resumo informativo de *Ensina-me a ler*, por Diana Corso.

Diana Corso, no artigo *Ensina-me a ler*, no Segundo Caderno, *Zero Hora*, de 16/05/2007, afirma que, <u>embora</u> a melhor fase para a leitura e absorção de referências culturais seja a juventude, os adolescentes, geralmente, encontram-se distantes dessa fonte. <u>Porém</u>, o vestibular os obriga a lerem obras literárias, exigindo dos professores de cursinhos um difícil equilíbrio e capacidade para conectar-se com a nova geração. <u>O resultado desse esforço é que</u> esses mestres do entusiasmo, no esforço de aproximar os jovens da literatura, agem como um bom pai: em vez de resumos e livros, apresentam o mundo através da literatura aos novatos da vida.

4. a
5. c

Capítulo 9

1.
a. Havia.
b. Existiam.
c. Devia.
d. Faz.

e. Vai.
f. Vendem-se.
g. Revelam-se.

2.
a. São duas horas e quarenta minutos.
b. Os culpados sois vós.
c. Sucederam, naquela época, acontecimentos trágicos.
d. Eu, tu, ele e nossos amigos chegamos ao local.
e. Deve haver muitos casos sem solução.
f. Pode fazer uns cinco anos que ele não aparece.
g. Daqui ao Rio são uns quatrocentos quilômetros.

3.
a. Tinha os olhos e a boca entreaberta.
b. Tinha entreaberta boca e olhos.
c. Tinha entreabertos olhos e boca.
d. Tinha boca e olhos entreabertos.

4.
a. Suas atitudes eram meio infantis. (advérbio)
b. Respondeu-lhe meio risonha. (advérbio)
c. Bastante desvairada, pedia-me que não a abandonasse. (advérbio)
d. As novas tarifas aéreas estão caras. (adjetivo)

5. d
6. c
7. c
8. c

Capítulo 10

1. Resposta individualizada.
2. Não há ocorrência da crase.
   As figuras – as é um artigo que acompanha o substantivo *figuras*.
   ...as fases – as acompanha o substantivo *fases*.
   ...a observação – a acompanha o substantivo *observação*.
   ...a sugerir – a antes de verbo.
   ...a Terra – a acompanha o substantivo próprio *Terra*.
3. Resposta individualizada.
4. d
5. Apesar do apelo mundial pela redução da emissão de poluentes, limpeza dos rios e proteção às florestas, a melhor estratégia para sensibilizar as pessoas para a questão ambiental continua sendo... o bolso.

6.
a. Ele falou alto, mas os colegas não o ouviram.
b. João, disse Alberto, é um hipócrita.
c. É importante que todos entendam o conteúdo da matéria.
d. João, bom amigo, que bom encontrá-lo.
e. João, acima de tudo, é um bom amigo.

7.
a. à
b. a, às
c. as
d. a
e. a

8. a, c, e

Os papéis utilizados neste livro, certificados por instituições ambientais competentes, são recicláveis, provenientes de fontes renováveis e, portanto, um meio responsável e natural de informação e conhecimento.

Impressão: Reproset